Batalha Interior

FABRÍCIO MAURÍCIO

Batalha Interior

Escolhas da vida

Coordenação Editorial	**Silvia Vasconcelos**
Preparação	**Mônica Vieira/Project Nine**
Projeto gráfico e Diagramação	**Project Nine**
Ilustração	**José Paschoal**
Composição de capa	**Genildo Santana**
Revisão	**Bianca Briones**
	Patrícia Murari

Texto de acordo com as normas do Novo Acordo Ortográfico da Língua Portuguesa (Decreto Legislativo nº 54, de 1995)

Dados Internacionais de Catalogação na Publicação (CIP)
(Câmara Brasileira do Livro, SP, Brasil)

Maurício, Fabrício
Batalha interior : escolhas da vida / Fabrício Maurício ; ilustração de José Paschoal. -- Carapicuiba, SP : Pandorga Editora e Produtora, 2013.

1. Autoconhecimento 2. Escolha profissional 3. Interesses vocacionais 4. Orientação vocacional I. Paschoal, José. II. Título.

13-11383 CDD-331.702

Índices para catálogo sistemático:
1. Escolha profissional 331.702

2013
IMPRESSO NO BRASIL
PRINTED IN BRAZIL
DIREITOS CEDIDOS PARA ESTA EDIÇÃO À
EDITORA PANDORGA
Avenida Marginal do Ribeirão, 8500
CEP 06330-010 - Parque Jandaia - Carapicuiba - SP
Tel. (11) 4169-3875
www.editorapandorga.com.br

Prefácio

Livros não mudam o mundo. Livros mudam pessoas. Pessoas mudam o mundo.

A frase é de Mário Quintana mas, apesar de verdadeira, é importante dizer que poucos livros atingem a plenitude deste potencial transformador.

Digo isso porque a grande maioria dos livros pode ser enquadrada em duas categorias: a dos livros informativos ou a dos livros divertidos.

Usualmente quem lê um livro informativo já está predisposto à mudança, e portanto o livro pode ajudar, mas não é verdadeiramente um agente transformador.

Já os livros divertidos, em que pese todo livro provocar alguma transformação no leitor, normalmente passam bem longe de qualquer pretensão educativa.

Entre estas duas categorias existe não uma linha, mas uma corda bamba que desafia o equilíbrio dos mais hábeis escritores. Quem ousa tentar ser tanto divertido quanto informativo usualmente cai para um dos lados, gerando livros informativos com pouca informação ou divertidos com pouca diversão.

Fabrício Maurício resolveu arriscar-se nesta zona intermediária e, apesar de estreante, conseguiu unir com maestria estes dois universos aparentemente tão díspares. "Batalha Interior" é uma obra que permite, e pede, diversas leituras, e talvez este seja o maior motivo do sucesso do escritor - se na primeira leitura o leitor se diverte com personagens e tramas, ao concluir a obra sua vontade é retornar ao princípio e passar novamente pelas mesmas situações, agora se atendo a significados e detalhes.

Esta mágica só é possível pois Fabrício consegue esconder as informações sob camadas de diversão, deixando ao subconsciente do leitor a tarefa de montar os pedacinhos de transformação escondidos aqui e ali, e com isso municiar-se para sua própria Batalha Interior.

Pois é disto que se trata este livro: de personagens que lutam, vivem e aprendem com suas batalhas interiores.

Divirtam-se, leitores e combatentes!

Alexandre Lobão
Escritor e roteirista da Casa de Autores
http://www.AlexandreLobao.com
www.CasadeAutores.org.br
E-mail: contato@AlexandreLobao.com

Prólogo

O que move as escolhas iniciais na vida do ser humano senão um sentimento sufocado pela sociedade de "eu tenho que ser alguma coisa" ou ainda "eu tenho que ter as coisas"?

Movidos por esse sentimento somos impelidos, não raras vezes, a escolhas equivocadas. Escolhas mais complexas e com consequências maiores e opções corriqueiras que fazemos a todo o momento no nosso dia a dia.

Batalha Interior fala disso, do cotidiano de forma mágica e misteriosa.

Sem dinheiro, a maioria das pessoas escolhe seus caminhos para tão somente subsistir, e, em geral, são infelizes ao longo de sua jornada terrena. Com a infelicidade vêm os conflitos internos. A isso chamo de **Batalha Interior**!

Esta que acontece dentro de mim e dentro de você. Vozes interiores que não param de falar conosco ditando o que devemos fazer ou deixar de fazer. Elas nos julgam tanto e tão raras vezes nos reconhecem. O grande Crítico Interno! Que em determinado momento grita tão alto que se materializa!

Esta obra te convida a um encontro consigo mesmo, para que se conheça melhor e dessa forma possa dominar com maior maestria seus conflitos internos. Sua **Batalha Interior**.

O que você quer ser quando crescer? Quem nunca respondeu a essa pergunta? Você é o que disse que seria? Era só coisa de criança, adolescente, e você acabou tomando outro caminho que se apresentou com menos espinhos? Quais foram as variáveis que motivaram suas escolhas? Geralmente elas são feitas conforme suas paixões ou seus medos?

Este é um livro para jovens que estão fazendo suas primeiras escolhas. Na medida em que os jovens leitores fatalmente caírem dentro da trama, terão projetados seus maiores anseios, suas mais nobres aptidões. Se estiverem buscando algo que não deve se encerrar no fim esperado, vão repensar e certamente guiarão com mais responsabilidade, e sobretudo amor, os seus passos até que consigam conectar seus valores com suas atividades.

Também é um livro para adultos que já escolheram e erraram. Um livro para adultos quase chegando à melhor idade, que fizeram uma vida de escolhas erradas. Nesta história de superação e redenção, os leitores mais maduros, chegarão à conclusão de que nunca é tarde para retomar o caminho e começar de novo, de um jeito que melhor se aproxime de sua essência.

Sobretudo é um livro para quem é intenso! Para quem arde na vida! Para quem escolheu, antes de qualquer escolha, viver a todo vapor! Para quem ao amanhecer escolhe viver cada instante de ar que soprar seus pulmões! É um livro para quem acredita que a vida é uma só (não no caso do abençoado Patrick, nosso protagonista) e, portanto deve ser vivida do melhor jeito possível.

Enfim, um livro para quem acredita que tem jeito sim de vir ao mundo e ser feliz na maior parte do tempo fazendo de seu trabalho sua maior paixão. Certamente a história de Patrick vai te inspirar a descobrir a sua história e então desenhá-la com as cores que escolher. E como diria Confúcio citado em outro momento da obra: “Quando descobrir o que gosta de fazer, nunca mais vai trabalhar na vida”!

Alegoria do ego

Um dia a Consciência serena, paciente e madura, como deveria ser, sussurrou para o Ego:

– Ego, evite os comandos, eles só perturbam!

O Ego então, vaidoso, arrogante e egoísta como deveria ser gritou para a Consciência:

– Você não vai me quietar! Eu preciso cuidar disso, do contrário nunca seremos felizes!

Como não poderia ser diferente, o Ego ficou um tempo sem respostas e, petulante, se incomodou com isso...

– Ei, Consciência! – ele ordenou.– O que me diz?! Eu preciso ser feliz!

– E como pretende? – reagiu a Consciência, branda como deveria ser.

– Estou buscando, estou lutando e estou sozinho! Não vai me ajudar?

– É só o que faço, Ego. Experimente por alguns instantes se acalentar. A felicidade mora aqui comigo. Está sempre ao meu lado e não suporta a animosidade.

Por um sutil momento o Ego sossegou e pôde perceber que a Felicidade é como uma borboleta...

Quando menos se espera ela pousa em sua vida.

Naquele instante, o Ego, a Consciência e a Felicidade se tornaram um...

"Dedico esta obra a todos os incansáveis que
acreditam que grandes sonhos só serão vividos
se estivermos dispostos às grandes batalhas!"

Saiba o que é a batalha interior

A eterna luta do bem contra o mal... Ou seria do mal contra o bem? Afinal, qual é a nossa natureza?

Quem nunca entrou em conflito diante de uma encruzilhada na vida? O que pode causar o conflito quando nos deparamos com dois caminhos e temos que optar por um? É possível eliminar esses motins internos? E você já ouviu as vozes internas que não param de emitir comandos em sua cabeça? Conhece-as?

Por acaso, em algum momento, já se deu conta dessas vozes juntas, sentadas em uma mesa tomando chá e fumando, tricotando sobre as mais diversas futilidades do mundo? Ou na maioria ou quase totalidade das vezes elas estão se confrontando sobre questões mais nobres como valores e princípios?

A batalha interior acontece em mim, em você e em todo mundo. E todas as guerras que explodem do lado de fora do mundo se originam dentro de cada um que compõe o comando, a inteligência e até a tropa que executa mais do que pensa. Egos, vaidades à flor da pele, orgulho, amor e ódio vivem em eterno combate, por mais pacífico que o indivíduo possa se comportar do lado de fora.

Sempre vai existir uma força oposta a seduzir-lhe à outra opção. Afinal, a vida é totalmente feita de escolhas. E toda e qualquer escolha sempre vai nos remeter a uma renúncia.

Ao renunciarmos a algo nos sentimos incompletos. Claro! Perdemos aquilo a que renunciamos. É da natureza humana esse apego. Esse egoísmo de querer tudo para si é primitivo, mas ainda vive em cada um. Vem então o desejo do outro *eu*, e instaura-se a **Batalha Interior**!

Patrick demorou muitos anos para reconhecer seus vários "Eus". Mais tempo ainda para identificar seus principais valores e, portanto, sua missão de vida. Consequentemente, encheu sua sacola com uma coleção interminável de escolhas equivocadas, que desencadearam um efeito dominó em sua vida, trazendo um amontoado de desgraças, que acabaram por testá-lo em seus mais rigorosos limites.

Nesta fabulosa história de redenção, o leitor vai encontrar seu cotidiano, seus conflitos, sua luta, sua desesperança, seus infortúnios e suas conquistas! Vai se confrontar e se questionar com generosas salpicadas de magia, mistérios e beleza. Neste caminho, vai odiá-lo, sentir pena, compaixão e enfim o amar! Mais que tudo isso, independentemente do quanto já tenha vivido, se está diante de sua primeira escolha ou de tanto ter escolhido mal, já cansou de tentar, você poderá se permitir sonhar de novo! Recomeçar!

Os sonhos são para ser sonhados num primeiro momento (com tudo o que tiver direito). Falo aqui especialmente daqueles sonhos que idealizamos acordados. Por vezes, até dormindo, e onde ele começa – se estamos acordados ou dormindo – é o que menos importa. Nessa fase, construímos uma imagem mental daquilo que almejamos. É hora de planejar, de definir os personagens, o cenário, a trama e até o final feliz! Sim, se estou sonhando só me serve final feliz e vou escolher este. Do contrário não é sonho, é pesadelo.

Num segundo momento, tratamos de trazer todo esse ambiente construído mentalmente para o plano terrestre. Sabe a grande diferença dos constructos das crianças e dos adultos? As crianças se confundem entre a realidade e a fantasia. Em suas sábias cabecinhas tudo é uma coisa só, tudo junto e misturado. Daí sua incrível habilidade de acreditar que tudo é possível!

Depois que crescemos, vamos desenvolvendo uma competência que ainda tenho muitas dúvidas de sua utilidade. Começamos a separar aquilo que é sonho do que é realidade, como se não tivessem nenhuma relação! E nessa cisão, vamos selecionando só os sonhos mais simples e aparentemente "normais" para trazê-los para o mundo real. Os que se apresentam de forma mais ousada, fantasiosa, ou muito diferente, tratamos como "simples sonhos".

O fato é que absolutamente não há nenhuma diferença. Sejam simples, comuns, complexos ou estranhos ambos os casos exigem um único detalhe: ação em sua direção!

O sopro que transforma todos os inquietos e inconformados em verdadeiros magos. A magia que transforma as imagens mentais em fatos, em verdades, em vida!

Certamente vivem mais plenamente os que escolhem agir mais. Para estes incansáveis que repousam exaustos e certos da missão cumprida a cada final de dia de sua existência, há um imenso mundo embrulhado em papel dourado debaixo de suas camas, esperando-os acordar de seus sonhos para presenteá-los com o que há de melhor na vida!

Quando as escolhas são equivocadas, os conflitos crescem,
instaura-se então uma eterna batalha interior!

Mapa evolutivo

Nota do narrador

Ai de vós, escribas e fariseus, hipócritas! pois que sois semelhantes aos sepulcros caiados, que por fora realmente parecem formosos, mas interiormente estão cheios de ossos de mortos e de toda a imundícia. (Mateus 23:27)

Qualquer mudança no mundo sem que ocorra uma verdadeira transformação no interior do ser humano é mero frontispício.

Eu também vivi minha Batalha Interior. Talvez uma das, senão a mais sangrenta de todas. Conheço bem de Batalhas. Conheço bem de você... E de Patrick também.

*Se um de vós tem cem ovelhas e perde uma, não deixa as noventa e nove no deserto, e vai atrás daquela que se perdeu, até encontrá-la? (*Lucas 15:4)

Patrick escolheu lutar, apesar de todos os infindáveis obstáculos que lhe lancei em sua trilha. E eu que sempre me dediquei a libertar o ser humano de dentro de si mesmo, decidi lhe contar esta história. Afinal, somente através desta revolução interior, cada um será capaz de se proteger da arrogância do Ego, podendo escolher melhor seus caminhos.

Sempre estou por perto, lançando vários sinais, e me dedico especialmente a causas como esta. Afinal, existe um reino em cada ser humano que precisa ser revelado e isso só vai acontecer se ocorrer um verdadeiro processo de transformação muito íntima. Nem todos reconhecem esta Batalha. Nem todos estão dispostos a lutá-la. Embora todos tenham recebido a mesma carga inicial de energia para as trincheiras da batalha, todos também receberam o livre-arbítrio.

Muitos preferem não escolher. Alguns escolhem se encolher diante do mundo. Outros recolhem as sobras. Cada um colhe o que planta. E Eu? Estou sempre por perto acolhendo suas escolhas.

Quando as escolhas são equivocadas, os conflitos crescem, instaura-se então a Batalha Interior!

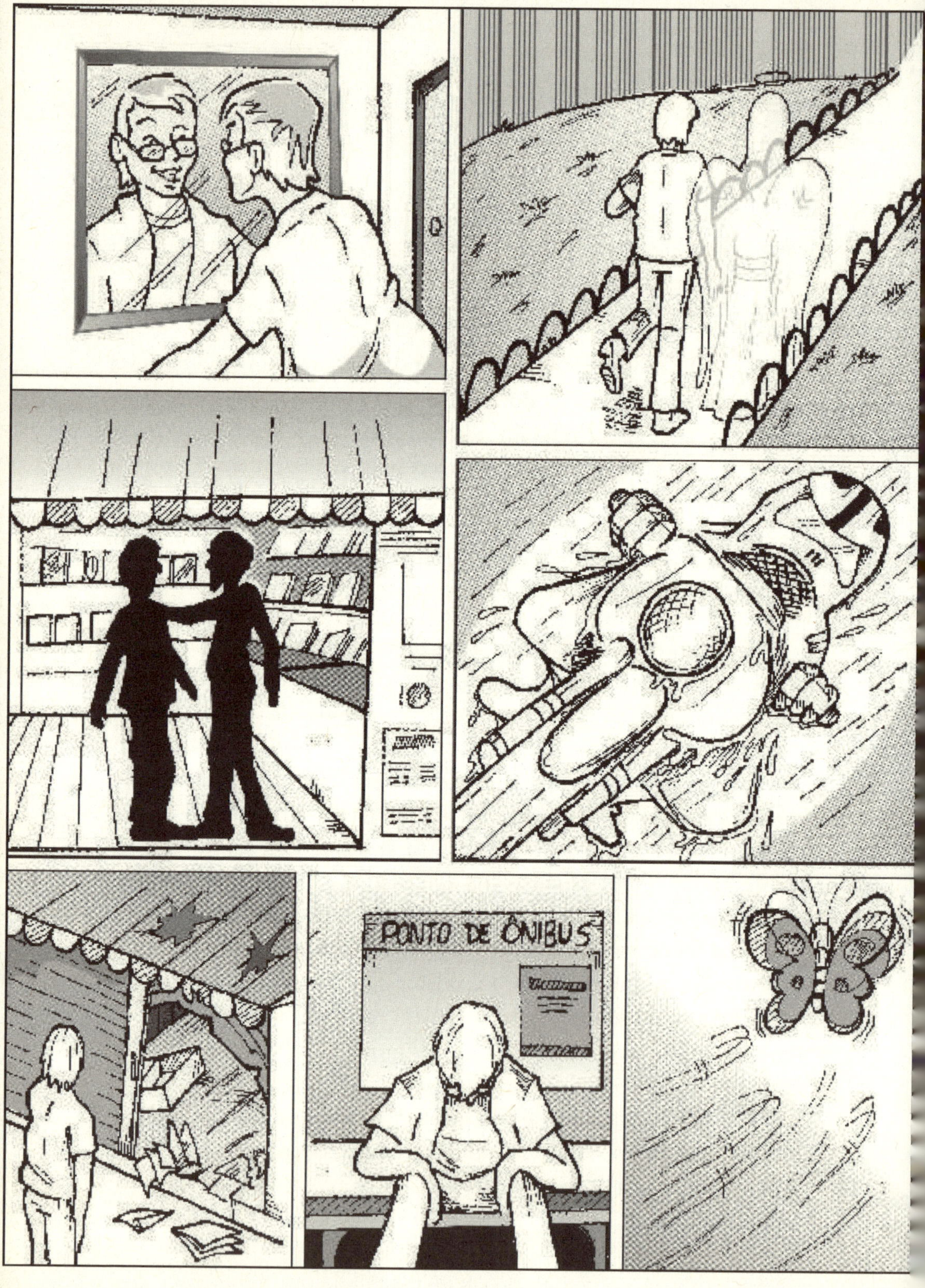
PONTO DE ÔNIBUS

Algumas escolhas

"Cada escolha cria ondulações ao longo do tempo
e dos relacionamentos, ricocheteando em outras escolhas."
WILLIAM P. YOUNG

A banca

O dia amanheceu mesmo diferente. Patrick levantou-se e se vestiu de um otimismo impróprio dele. Em frente ao espelho, acertou a sobrancelha e o cabelo e ficou ali se olhando um tempo. Abria mais um olho que o outro, entortava a boca, franzia a testa a procura de imperfeições. De repente, coloca as duas mãos no espelho, aproxima-se e saúda seu reflexo:

– E aí, bonitão? Parece que acordou bem! Veja se não esquece de vencer hoje, hein!

Deu uma piscadela para ele mesmo se arrumou e saiu do quarto. Animado na mesa do café da manhã comeu bem logo cedo, o que não era comum. Deu um beijo em sua mãe, outro no pai e saiu com sua moto para a banca. A mãe, como sempre, repetia:

– Vai com Deus e o anjo da guarda, filho!

Então, eles se foram. Pude ver nitidamente os dois se encaminhando para o novo negócio! Patrick pensava que estava sozinho.

Ele cumprimentou alguns ambulantes do comércio local, abriu sua banca e começou a organizar as prateleiras trazendo alguns itens para o lado de fora. E agora?

Nada para se fazer... Ele anda por sua banca para escolher uma revista para ler. Tem um pouco de tudo, mas nada parece interessar. "Amanhã trago um de meus livros", pensou. E pensou. E falou com ele mesmo. E pegou uma carteira de cigarros. Saiu da banca para fumar. Logo chega um cliente e Patrick cumprimenta:

– Bom dia, meu senhor! Fique à vontade. Procurando alguma coisa específica?

– Sim. Procuro uma revista dos sonhos.

– Revista dos sonhos? Dessas que fazem interpretações de sonhos? Não temos. – E já foi logo anotando para a próxima compra, enquanto especulava um pouco mais. – Me desculpe, mas o senhor acredita nas coisas escritas nessas revistas?

– E você acha mesmo que eu compraria algo para ler se não acreditasse no que estou lendo, garoto? – respondeu ofendido com a pergunta. – Certamente eles podem trazer para você um significado muito diferente do que para mim ou outro que ler. No meu caso me estimula a sonhar.

Saiu da banca sem comprar nada.

Logo entra outra senhora perguntando sobre revista de receitas de doces. Por onde andavam as receitas de doces? A banca de Patrick não tinha revista de receitas de doces. Anotou também.

Entra um garoto em busca de álbum de figurinhas de um super -herói que ele nunca tinha ouvido falar. Já estava anotado.

Outros curiosos entravam, folheavam algumas revistas, liam as principais manchetes dos jornais e saíam sem nada comprar. Patrick fumava mais. Vendeu no dia de sua estreia algumas palavras cruzadas, alguns poucos jornais, dois gibis, e uma revista de adolescentes, além de alguns poucos chicletes e balas. Arrecadou neste dia menos que o valor de seu almoço. Não tinha problema, pois estava confiante.

Voltou no dia seguinte e fez todos os pedidos dos itens não vendidos por falta no dia anterior. Essas novas revistas ficariam amarelas nas prateleiras. Ninguém mais voltou a procurá-las. Aprendeu uma lição e foi logo compartilhando ela consigo mesmo:

– Patrick, nunca faça pedidos só por procurarem uma vez algo que não tem!

Nem sempre ele se ouvia. Às vezes ouvia demais. Mas a cada dia aprendia uma coisa nova. Mas não vendia. Havia algo de errado.

O primeiro mês saiu correndo sem olhar para trás e logo passou. Patrick já podia prever que o faturamento não seria suficiente para arcar com as despesas e custos fixos. Ele era o seu maior cliente de cigarros, chicletes e palavras cruzadas. Mas isso não o derrubaria. Não desta vez. Ele estava determinado, respirava diferente, tinha aquele olhar que fitava o sargento Porto nas suas seleções (olhar este, aliás, muito convincente). Mas o que fazer para continuar o negócio que nem se pagava? Por vezes ele se questionava:

– Por onde anda esse tal anjo da guarda que minha mãe tanto fala? Só quero pagar minhas contas, estou trabalhando duro e nada...

Estaca zero

Com um mês de negócio aberto, Patrick já havia feito seu primeiro empréstimo. Comprara muitos itens de baixa saída para aquela região. A escolha era pautada no que ele gostava e, portanto nenhum estudo de mercado foi feito para atingir o público específico daquele local. Estava vendendo pouco e consumindo muito.

Depois de um mês recebe a visita de seu pai em seu negócio. Este estava naturalmente preocupado, embora não apresentasse sinais disso para o filho. Afinal, desde que Patrick saíra do exército, sua condição financeira só declinou e o pouco economizado estava se esvaindo a cada nova aventura que decidia empreender.

– Meu pai! – Ficou feliz em ver seu pai ali em sua empresa. – Que honra recebê-lo aqui!

– Está muito bonita sua banca, meu filho – foi abrindo o freezer e enquanto escolhia um picolé perguntou: – Como andam os negócios? Tem vendido?

O pai sabia que não, mas queria dar a chance de ouvir do filho como as coisas estavam.

– Não ainda como esperado. Mas é assim mesmo, pai. Os primeiros meses são necessários para conhecer melhor o gosto do meu público leitor – parecia fala de outro. Estava seguro, confiante, determinado como nunca esteve apesar de tantos "nãos" já ouvidos.

– Está precisando de ajuda? – Ele tentou se aproximar para apoiar o filho que sabia estar em dificuldades. Não podia ajudá-lo financeiramente, mas podiam juntos descobrir meios para isso.

– Na verdade tive que fazer um empréstimo este mês para acertar todos os compromissos. Mas com tudo aqui já calculado acredito que no próximo mês consigo me recuperar.

– Filho, a recuperação não virá já no segundo mês. Já temia um negócio sendo aberto sem nenhum capital de giro. Ademais esse negócio de empréstimos é um buraco sem fundo. No próximo mês vai fazer outro e depois outro e logo mais outro para pagar os já feitos e quando menos esperar estará afogado numa dívida impagável. Por que não vende sua moto, quita seus débitos e fica com um pequeno caixa para se sustentar até que os lucros venham?

Patrick ficou sem chão nesta hora. Vieram à tona todos os sentimentos que tanto o afligiam há poucos anos. Ficar a pé de novo?! Ônibus todos os dias para ir até sua banca e voltar? Todos esses anos se preparando para entrar no exército, depois vendedor de muambas, de roupas, agora sua banca, e seu dinheiro acabando, e tudo voltando a ser exatamente como era na adolescência. "Não! Definitivamente não", ele pensou, e esquentado foi relinchando com o pai:

– Ficou maluco, pai?! Nunca que vou fazer uma coisa dessas. Onde já se viu? Toda luta que travei até o momento foi para ter essa moto. Só para isso! Todo o resto foi acessório, e agora vendê-la?!

– Esse é o cerne da questão, meu filho. O que você realiza e empreende são acessórios, só os fins te bastam e continua infeliz.

– Não estou infeliz! Quem disse que estou? Estou buscando meus objetivos. Mas me desfazer desse, não posso.

– E como pretende voltar para faculdade com esta condição financeira?

– Vou conseguir e se me dá licença, preciso trabalhar.

Foi se dirigindo a um cliente que acabara de chegar dispensando o pai. Aquela conversa o embrulhava. O pai entendeu o recado. Fez questão de pagar seu picolé e se retirou.

***

Foram mais algumas semanas num ritmo não muito diferente. Sem dúvida alguma a proporção de "nãos" era muito superior aos "sins" que escutava diariamente. Patrick estava mais resiliente.

Insistiu. Já estava no terceiro mês no vermelho tendo, portanto, acumulado três pequenos empréstimos no banco. Já era olhado de um jeito diferente pelo seu gerente no banco e isso começou a preocupá-lo. O pai queria que vendesse a moto, a mãe que vendesse a banca e voltasse para a faculdade, ele queria ficar ali confortável em sua banca esperando o momento em que as coisas magicamente passariam a dar certo.

Quinto mês sem grandes avanços e Patrick estava mais confiante do que nunca. Acordou cedo como de costume, tomou seu café e saiu em sua moto. Neste dia chovia muito e ele teve que fazer algo que odiava: colocar sua capa de chuva. Enfrentou um trânsito enfurecido, mas não se deixou abalar, nem pelo trânsito, nem pela falta de dinheiro, nem pela capa de chuva. Sentia que estava evoluindo e ficou feliz quando sentiu isso. A sensação durou pouco, pois com ela veio a esquina que dava acesso à sua banca e quando ele olha seu empreendimento quase desmorona. Veio também um ligeiro pensamento:"Por onde raios andam esses anjos da guarda que minha mãe sempre envia comigo?"

Pensei que ele fosse cair! Sua paciência sumiu na hora! Parou, desceu da moto e buscou forças para amealhar o pouco que sobrara de sua determinação. Não encontrou. O que mais podia lhe acontecer? A sensação era de que o mundo todo estava de mal com ele, justo no exato momento da vida em que ele mais queria intimidade com os mistérios do mundo.

Patrick não era mais um garoto. Nos altos de seus vinte e três anos já havia levado uns bons tombos. Nenhum dessa altura, temos que reconhecer, mas estava aprendendo a cair e se levantar. Desta vez, seria mais difícil. Sua banca havia sido arrombada! A cena era definitivamente desoladora.

Para sua sorte, logo depois que os bandidos arrombaram a banca e alguns transeuntes saquearam alguns itens, passou uma patrulha da polícia que fez vigília no local esperando a chegada do dono.

Um carro de polícia com as luzes de cima da viatura acesas, a chuva caindo fina, parte de sua banca destruída pelo arrombamento, uma incrível bagunça em suas prateleiras desfalcadas pelo saque, e nada de cigarros. Acima da banca uma nuvem no céu. Bem mais escura do que as demais que o cobriam! Parecia amaldiçoar aquele pedaço de mundo.

A suspeita era de que os bandidos arrombaram para roubar os cigarros e estando aberta os passantes entravam e pegavam revistas, jornais e tudo mais que podiam carregar.

"Malditos!", ele pensou enfurecido. Logo, voltou-se para si mesmo como não raro: "Sempre escolhendo errado, seu maldito!". Agora ele era o maldito e não os bandidos. "E agora o que vai fazer?!", indagou-se.

A resposta não veio. A consciência geralmente ouve mais do que fala. Já o ego é falador, intransigente, egoísta (ele é o pai desse termo), gosta de respostas rápidas.

"Está vendo só seu meio olho! Não conseguiu ainda enxergar as besteiras que está fazendo?", agredia-se e insistentemente perguntava: "E agora, o que fazer?"

A consciência sorrateira, humilde e desprendida de qualquer sinal de vaidade, deixou escapulir baixo e despretensiosamente: "Venda a moto!".

E ele se irritou com o que ouviu dele. Não queria vender a moto, apesar de não ver alternativas para sair daquela situação. Aproximou-se de sua banca e lá entrando ficou em frangalhos ao ver os sinais da destruição. Do anjo da guarda nem sinal. A maldade do homem é avassaladora, assim como a bondade de poucos. Ele pensou que já tinha conhecido a maldade humana neste dia. Mal sabia ele o que estava por vir... Como se não bastasse levar as coisas, havia revistas rasgadas, outras pisoteadas, amassadas, prateleiras no chão. Não ia ser fácil recuperar tudo isso. Ouviu de novo: "Venda a sua moto, refaça seu negócio, quite suas dívidas e recomece!".

Desta vez ouviu melhor. Quando se lembrou do ônibus sentou-se no chão da banca e chorou baixo. Lamentou seu azar. Nesta hora sem estudos, sem economia alguma, sem segurança no trabalho, com a ameaça de ficar a pé de novo. Estava novamente na estaca zero!

Patrick era um católico pouco praticante. Apesar de já ter sido mais comprometido em outros tempos, acreditava e procurava seguir os mandamentos de Deus. Naquele dia as coisas começariam a mudar. O ego: "Afinal, que Deus é esse que sempre te abandona nas horas de maior dificuldade? Já percebeu que quando as coisas não estão bem ele parece se divertir com isso e logo promove alguma desgraça para que tudo piore? Enquanto acreditar que tem alguém olhando por você estará perdido! Esqueça essa baboseira de anjos da guarda! Você se guarda! Só nós estamos preocupados com nós mesmos, mais ninguém".

Patrick quase se convenceu disso. Ele, então, venderia sua moto e começaria a questionar a existência de Deus. E protestava: "Que merda! Com vinte e três anos acabo de completar sete anos de ré! Voltei aos meus dezesseis anos..."

E nesse tempo era mais ou menos assim...

O ponto de ônibus

"Corre, corre se não vai perder o ônibus!", falou consigo mesmo.

Patrick avistou ao longe seu ônibus descendo a rua rumo a seu ponto, e, cheio de penduricalhos, partiu em disparada para não ter que esperar o próximo que só passaria após às 23h. Não alcançou.

Caía uma chuva torrencial por volta de 22h30 de uma segunda-feira. A chuva fazia mira em Patrick e sempre o acertava com gotas gigantes que explodiam em sua roupa causando estragos.

O final de semana tinha sido perfeito e agora em um ponto de ônibus após quatro aulas desde às 15h30 na universidade, estava ele com pelo menos uns trinta alunos abrigados embaixo do ponto de ônibus do tipo abrigo *Shangay Alphaville*, que devia medir algo em torno de uns seis metros por três. Além dele, devia ter nesse universo de trinta mais uns nove fumando. Era só aquela névoa da chuva refletindo nas luzes do poste com fumaça subindo, muito calor (uma sensação de uns 31°), cansaço e uma vontade incontrolável de simplesmente estar em casa naquela hora.

Engraçado é que apesar de não querer fumar naquela hora ele fumava para seguir um ritual. Como diria o cantor Lobão, "*o café, um cigarro, um trago, tudo isso não é vício são companheiros da solidão...*" Era exatamente como se sentia. Só, entre trinta... No ponto de ônibus lamentando esse simples momento cotidiano.

Olhava para aquelas pessoas e não parava de se questionar: "O que estão fazendo ou buscando aqui? Será que estão felizes? Será que são felizes? Será que escolheram estar aqui? E se tivessem outra opção?".

Retirou seus óculos embaçados e engordurados de suor, vapor e fumaça e tentou limpá-lo na camisa. Esta, mais suada e engordurada ainda, ensebou seus óculos, o que o fez enxergar pior ainda.

Não podia estar mais desconfortável. Odiava andar de ônibus, apesar de nunca ter sido rico, e ainda somavam-se tantos outros incômodos naturais e não naturais. O próprio fumar! Não gostava de fumar, muito menos da fumaça do cigarro, mas gostava do fato de poder contar que fumava. E naquela hora, era a hora de sacar o companheiro da solidão, e colaborar para que aquele ambiente ficasse pior ainda, sem nenhuma noção de que contribuía com aquilo que tanto lhe incomodava. Como é incrível a capacidade do ser humano de criar condições de desconforto para si mesmo, e Patrick era campeão nessa arte autodestrutiva!

Sabia o exato momento da chegada do Volvo articulado com uma espécie de sanfona que segurava suas duas partes enormes. Parecia um trem com pelo menos umas doze rodas. O motorista desse ônibus era o senhor Paulo. Um homem de sessenta e cinco anos aproximadamente, cabelos grisalhos bem baixos (ele era praticamente careca), cerca de sessenta e cinco quilos e um metro e sessenta e nove de altura, usava um cavanhaque e um pequeno rabicho na parte traseira da cabeça. Parecia um *pop star*, muito boa-praça. Tão tímido quanto sábio, o senhor Paulo geralmente era pontual. Quando perdia o primeiro ônibus, Patrick acendia o cigarro respeitando o intervalo de espera já calculado e esperava o próximo ônibus reclamando consigo mesmo.

Chegava o ônibus, acabava o cigarro. Dava tudo certo. Até subir para o ônibus. Ambiente abafado, escuro, instável, balançando, com uma mão segurando o cano de apoio do ônibus e a outra os materiais pendurados, muito apertado, gente encostando nele e ele encostando-se a gente. A lotação era de sessenta e quatro pessoas sentadas mais umas trinta em pé. Certamente, existiam mais de cento e cinquenta naquele ônibus, e era sempre assim. A menos que estivesse disposto a ir para casa uns quarenta minutos depois.

Foi buscando maneiras de tornar melhor essa rotina. Começou a andar um pouco mais e pegar o ônibus alguns pontos acima, assim, pegaria mais livre e poderia ir sentado. Achava muito ruim ir em pé e se torturava por isso. Acabou dando certo. Ele andava um pouco, esperava menos e ainda chegava junto com senhor Paulo no ponto mais vazio.

Além de tudo, tinha a oportunidade de falar um pouco com esse homem que o intrigou por muitos anos, dado suas colocações sempre emblemáticas, misteriosas e, sobretudo, muito pertinentes. Ele sempre falava exatamente o que Patrick precisava ouvir (ao longo de muitos anos se questionou quanto a esse estranho fenômeno).

– Boa noite, senhor Paulo! Não aguento mais este ônibus sempre tão cheio! – reclamou Patrick passando o antebraço direito em sua testa, secando o suor em sua pele oleosa.

– Olá, Patrick! Sente-se e desfrute a sua rota. Que tal aproveitar a viagem de hoje para apreciar as árvores do caminho? – sugeriu serenamente enquanto esperava um semáforo se abrir. – Sabia que daqui deste ponto até o seu desembarque existem só deste lado direito da pista oitenta e sete árvores enfeitando nossa cidade? Além disso, nos dão sombra e nos devolvem ar para respirar. Cobram de nós só o gás carbônico que despejamos ao vento, e do céu, a água das chuvas.

Patrick impaciente, como se mostrava na maioria das vezes, não entendeu nada. Retrucou em tom sarcástico:

– Senhor Paulo, que conversa é essa? Vai-me dizer que contou essas árvores? E como dirige?

– Jovem, este é o meu trabalho e procuro me satisfazer com ele – respondeu calmamente reduzindo uma marcha para ir mais devagar. – Não me interessa simplesmente chegar ao ponto final, mas contemplar o caminho que me leva até ele. Imagine como seria monótona minha vida se só percorresse esta trajetória para chegar logo ao final e encerrar meu expediente? Estaria passando pela vida e prefiro vivê-la. Sei de todos os detalhes destas ruas e avenidas e me maravilho a cada novidade que consigo descobrir. Faça o mesmo e sua viagem não será tão torturante.

Parece que quando não estamos bem, os que se mostram de bem com a vida incomodam. A sensação que temos é de que estão desafiando nossa comum apatia. Mostram-se até mais inflados, corados, e parecem se impor sobre nossa amargura se sentindo mesmo superiores! Assim se sentiu Patrick com aquele humor de Buda do senhor Paulo. Novamente o indagou:

– Acredita mesmo, senhor Paulo, que vou me entreter vendo árvores? Desculpe-me, mas tive um dia muito cheio – declarou Patrick se afastando e se sentando em uma cadeira próxima ao motorista.

– Se puder perceber a importância que vocês têm um para o outro vai fazer mais sentido. – Senhor Paulo não alterava seu tom que era usualmente suave e doce. Ele continuou: – Enquanto estamos aqui correndo sempre de um lado para o outro, na maioria dos casos, sem perceber o que nos cerca, buscando nossas ilusões, despejando gás carbônico pelo ar, elas estão aí imóveis, recebendo de nós o que não nos interessa se alimentando disso e nos devolvendo vida.

Patrick nem respondeu. Já estava fora do alcance visual de Paulo e fez só um sinal negativo com a cabeça e uma careta de rejeição. Não podia, em seu egoísmo e ansiedade, perceber a profundidade do que estava sendo dito.

Continuava muito incomodado. Não era só o fato de o ônibus ir cheio ou ele ir em pé, na grande maioria das viagens, que incomodava. Ele não queria perder tempo algum esperando um ônibus ou dentro dele parando treze vezes até chegar ao seu destino, fora os semáforos, ainda mais tendo que contar as árvores! Patrick sempre se movera de olho no destino e não no caminhar. Decidiu que precisava de um carro ou uma moto.

Confesso que deu um arrepio quando esse pensamento o preencheu: "Que condutor que nada! Custe o que custar vou comprar meu carro ou minha moto! Ninguém mais vai me conduzir!".

Ele guiaria a sua vida a partir daquele momento.

Efeito borboleta

Não ver o caminho que estava trilhando iria custar muito caro num futuro remoto. Mas ele precisava ir, chegar, e se preciso fosse, refazer seus caminhos e isso foi fundamental para seu crescimento.

Quando o caminho é curto as alterações de rota não fazem grandes estragos, entretanto, se o trajeto é longo pode alterar todo curso da vida. Imaginem um avião que sai de Recife, em Pernambuco, rumo à África do Sul? A linha é quase uma reta, mas se o piloto, acidentalmente, alinhar a sua bússola com mínimos graus de desvio, pode perfeitamente ir parar no sul da Europa. A isso se dá o nome de efeito borboleta.

Efeito borboleta é um termo que se refere à dependência sensível às condições iniciais de qualquer situação. O início sempre tem fortíssima interferência no final do caminho. Esse efeito foi analisado pela primeira vez em 1963 por Edward Lorenz. Segundo a cultura popular, a teoria apresentada, o bater de asas de uma simples borboleta poderia influenciar o curso natural das coisas e, assim, talvez provocar um tufão do outro lado do mundo. É o que chamamos de efeito em cadeia ou efeito dominó.

Em outros termos, dizer que uma simples escolha em sua adolescência fez toda diferença em toda sua vida... Quando decidiu que queira ter um carro ou uma moto surgiu a seguinte pergunta: "Como adquirir um carro ou uma moto?", essa pergunta martelou algum tempo.

Patrick era um jovem incomum. Com dezesseis anos já estava na universidade, e apesar de muita inteligência e capacidade, parecia ser um dos poucos que não acreditava nisso. A fisiologia parecia não ter ajudado muito. Com um metro e setenta e três de altura e oitenta e oito quilos, inconformava-se permanentemente com seu peso (nem era tão obeso assim), tinha um bonito rosto, belos dentes, olhos negros, vivos e surpreendentemente também marcados por ptose palpebral – apesar do olho caído, era um olho estranhamente vivo. Sempre gostou de se vestir de um modo muito peculiar, o que não raras vezes chamava a atenção por onde passava. Andou muito de skate em sua infância e pré-adolescência e ainda carregava esse estilo de se vestir. Ia para a universidade de bermuda de flanela xadrez longa até a metade das canelas, camiseta com estampas de bandas de rock, já que era fascinado pela música, tênis de cano longo com os cadarços desamarrados, com alguns colares de artesanato e com o cabelo raspado. Antes da universidade usava cabelos longos até os ombros. Com o vestibular rasparam seu cabelo, mas ele preservou uma peculiar mecha do lado esquerdo atrás da cabeça. Então era um careca com rabicho (exatamente como o senhor Paulo com a diferença de que o seu rabicho era na lateral inferior esquerda da cabeça e o do motorista era no centro).

Parece que sempre existiu na vida de Patrick algo para chamá-lo para dentro de si. Muito egoísta e tímido, apesar de viver bem em grupos, se dava muito bem com os poucos amigos e família, mas apesar de não acreditar muito em si mesmo, se adorava, o que deixa claro sua paixão pelo belo e pelo feio.

A decisão de Patrick viria a ser a primeira importante e equivocada escolha de uma vida de escolhas não menos complexas. Ele pesquisara em várias fontes e contatos como um jovem de quase dezessete anos poderia trabalhar e ter condições de rapidamente adquirir seu carro. Descobriu que com dezoito anos poderia ingressar nas forças armadas e fazer um curso de oficiais temporários. Bingo! Passaria pelo sufoco da ameaça de servir o exército (naquele tempo, drama vivido por muitos jovens brasileiros) como soldado raso, se lançaria em uma proposta de trabalho que além de dinheiro poderia proporcionar-lhe interessante *status* – o de oficial das forças armadas, ou tenente do exército – e ainda poderia ser diferente da maioria de seu círculo de relacionamentos, aliás, de todos, afinal, não existia ninguém próximo a ele (amigos ou familiares) que exercia tal ofício.

Algumas seleções

A necessidade de se afirmar era muito maior que ele. Vivia competindo com os outros, mas principalmente com ele mesmo. Ele sim era seu grande rival. A primeira grande competição que se recorda foi quando ainda criança, com dez anos de idade na quarta série, decidiu que seria o melhor da classe e só tiraria notas do tamanho de sua idade. Simplesmente alcançou o inédito feito de notas dez em todas as disciplinas ao longo de todo ano. Essa conquista lhe rendera um pomposo quadro de homenagem na diretoria da escola que quinze anos depois seria extinta.

Mudou desse colégio que era mediano para um de maior nível, prestou a prova e conseguiu ingressar. Outra importante conquista que o fez perceber em pouco tempo o quanto a conquista anterior era insignificante, já que tirar só dez numa escola daquele nível não era assim tão espetacular.

Foi vice-campeão do campeonato local de skate (naquela conquista ainda conservava um peso ideal), passou no vestibular com apenas dezesseis anos e mais tarde com dezoito anos cumpriu todas as etapas e no dia marcado para se apresentar para a seleção lá se foi com sua mãe o levando por volta das 5h30 da manhã ao 131º BIMtz (centésimo trigésimo primeiro batalhão de infantaria motorizada do exército).

A necessidade de segurança que o ser humano carrega e desenvolve ao longo de sua vida é incrível. Segurança de um lar, de um emprego, um salário, um modelo a se seguir. Os pais aprendem assim e assim ensinam seus filhos. Com a mãe de Patrick não era diferente. Uma miscelânea de sentimentos a invadia. Estava feliz e animada com a ideia do filho conquistar tal condição e ao mesmo tempo apreensiva com a tradicional tratativa interna entre militares que não é nada amistosa.

– Filho, acha mesmo que é uma boa opção?

Quando não temos muita certeza do que queremos, as dúvidas e inseguranças do outro com relação às nossas escolhas, só pioram as coisas. Patrick ficou irritado com essa pergunta. Ele não sabia se era uma boa opção, só sabia que não queria andar mais de ônibus. Não respondeu.

– Mãe, preciso ir.

Deu um beijo em sua mãe e quando ia saindo do carro ela falou:

– Filho, se for para ser será! Estaremos o apoiando em qualquer decisão que tomar. E comemoraremos juntos se escolher ficar e passar nessa seleção. Vá com Deus e o anjo da guarda. Patrick não sabia, mas eles procuravam estar sempre por perto. Em alguns momentos quase concretos. Na maioria das vezes quando eram bem-vindos.

Estava escuro ainda e os mil e trezentos pré-selecionados já estavam acabando de chegar. Muita espera marcou aquele momento, assim como vários outros na vida de Patrick.

Uma instituição que existia por consequência das guerras era onde Patrick pretendia iniciar sua vida adulta e profissional. Patrick, que era um jovem só da paz e do amor. Mal sabia ele que a maior de todas as batalhas de sua vida demoraria ainda quase vinte anos para acontecer, aquilo era só um aperitivo.

O que podia ter sido muito divertido acabou se transformando em um dos grandes martírios de sua história de infindáveis lamentações. Na maioria das vezes, olhando para o final da linha obcecadamente, perdia as melhores oportunidades de contemplar as belezas dos caminhos que trilhou. Nem sempre foi assim.

Até os seus quinze anos era um aventureiro nato! Só importava o que estava vivendo intensamente, mas quando resolveu virar gente grande perdeu toda a sua essência...

Antes de querer ser gente grande era um grande garoto

Desconsiderando toda a sua infância marcada por muita diversão, muitos amigos, namoricos e raros dissabores, dos dezesseis aos dezoito anos pôde viver seus anos dourados.

Adorava esportes radicais (skate, patins, ciclismo), era fascinado pela música e um apaixonado por livros. Todas as suas economias eram gastas com discos e livros.

Foram muitas aventuras, especialmente em busca da música mais quente e movimentada.

Com os livros, os momentos sempre foram de contemplação, meditação, entrega total a si mesmo e à história que estava literalmente vivendo. Transformava-se quando lia. Não parecia ser ele.

Gostava de ler sempre sozinho, em quase total silêncio e, sempre que a ocasião permitia, quase nu, quando não completamente. Acreditava que em momento tão sublime era uma forma de entrar em contato de maior intimidade com aquele mundo que se mostrava para ele nas páginas dos livros. Qualquer adereço incomodava, um relógio o desconcentrava, uma pulseira o incomodava. Nu, vestido só com um livro era um traje que Patrick sempre adorou e se sentia realizado, vivendo. Vestia-se e cobria-se com o que a história o proporcionava e penetrava nela como um personagem secundário que vivia a trama, mas olhando de longe, de fora.

Fechava as portas de seu quarto, acendia as luzes, um incenso, retirava toda sua roupa, respirava profundamente, pegava seu marca texto (só lia marcando as partes que mais o interessava), abria o livro e em poucos minutos já estava lá dentro da trama. Ria e chorava em poucos intervalos de tempo e assim experimentando todo tipo de emoções que seu coração permitia, regozijava-se.

Divertia-se com seus livros, mas tinha também outros interesses. O fato de ser um leitor assíduo o colocava em situação de destaque perante seus colegas que se divertiam com outros prazeres mais corriqueiros àquela idade. E isso certamente seduzia Patrick. Era tido como o intelectual da turma. Catalogava suas leituras e adorava somar a quantidade de páginas que lia no mês. É claro que buscava sempre uma maneira de exibir esses números e geralmente encontrava.

Por alguns momentos pensou em ser autor ou escritor. Entretanto, como sua busca maior era pelo dinheiro logo se esquivou de sua grande paixão, afinal como ouvira algumas vezes sua mãe falar: "*Filho, Paulo Coelho só existe um, esqueça essas ilusões e estude para se formar e ser alguém na vida, ter um bom emprego, com salário garantido no final do mês. No nosso país não dá para viver disso*". Foi fácil ele deixar essa ilusão, já que sua mãe usou o argumento que melhor lhe conveio: se não dava dinheiro não o interessava.

Numa de suas aventuras com a música, Patrick viajou de ônibus (neste caso menos incomodado. Os interestaduais não causavam tanto desgosto) até outro estado há mais de mil quilômetros de distância. Ele e um amigo nos autos de seus dezesseis anos já quase adultos – mas ainda não – tiveram que apresentar documento registrado em cartório permitindo tal peripécia para que pudessem embarcar.

O show era de uma banda internacional muito famosa entre os jovens roqueiros da época e a cidade estava mobilizada. Viajaram a noite toda com o dinheiro bem contado e num sábado cedo desembarcaram na rodoviária do local. Pegaram um metrô e se dirigiram ao endereço onde comprariam os ingressos. Lá chegando, depararam-se com uma enorme fila que não causou tanto espanto, afinal o show seria a noite e tinham o dia inteiro para esperar. Compraram os ingressos e foram gastar o tempo visitando algumas lojas de discos. Lá chegando, Patrick ficou extasiado com a quantidade de novidades que viu:

– Ceará, olha só cara! Quanta coisa nova! Estes discos vão demorar muito a chegar à nossa cidade, não posso perder esta oportunidade!

– Mas, Patrick, tu tem grana? – perguntou Ceará um pouco mais centrado.

– Cara, a gente só vai ficar aqui até amanhã cedo depois do show, com água sobrevivemos muitos dias e só vamos precisar de dois até estar de novo em casa. Compramos o que o dinheiro der e chegando lá a gente come.

Ceará achou meio esquisita a ideia, mas não podia discordar da oportunidade que tinham em suas mãos. Compraram todos os discos que quiseram e o dinheiro dava e economizaram só o suficiente para o metrô de volta para a rodoviária (a passagem do retorno já estava comprada) e uma ninharia para a água.

Como qualquer outro jovem normal (Patrick sempre se preocupou muito em ser uma pessoa "normal"), era um grande namorador.

Passou por muitas e muitas passaram por ele. Mas sempre namorando, os intervalos eram raros e curtos. Terminava um namoro, logo engatava em outro. Tímido que era não gostava de levar fora e por isso não arriscava muito, só dava o tiro certo. Rodeava suas pretendentes até ter total certeza de que daria jogo e só então atacava. Essa seleção era meticulosa. A maior seleção, entretanto, ainda estaria por vir.

Mais uma seleção

Agora estava ali esperando para se submeter a uma bateria de provas e concorrer a uma vaga para ingressar nas forças armadas como oficial da reserva não remunerada. Que título esse, hein!

Núcleo de preparação de oficiais da reserva (NPOR). A hierarquia do exército brasileiro é uma pirâmide muito bem definida. Na ponta de cima existe menor espaço. A base é mais larga. Logo, para preencher essas lacunas existem os núcleos e centros de preparação de oficiais para ocuparem a base do oficialato – tenentes.

A música, a literatura e as namoradas eram menos importantes. Ele precisava de um carro ou uma moto, pois não suportava mais andar de ônibus. E ainda ia ser tenente do exército. Cá para nós, ele preferia “oficial das forças armadas”.

De longe, o anjo da guarda enviado de sua mãe o observava. Após longa espera foi chegando sua vez na fila. Percebeu rapidamente que tudo que falavam daquela instituição era verdade. Alguns deles não sabiam falar. Só gritavam:

– Recruta, um passo à frente! – era o sargento Porto, ajustando sua cobertura (assim eles chamavam os bonés). – Que moleza é esta? Acha mesmo que vai conseguir fazer parte desta tropa com este olhar sorumbático? Aqui só entram combatentes que têm sangue nos olhos! Vai ficar aí me olhando com este meio olho?

Nesta hora, pelo menos o sangue nos olhos Patrick conseguiu mostrar. Ficou muito ofendido com aquela menção em virtude de sua deficiência. O desejo era de pular no pescoço daquele brutamonte e o socar bastante. Em casa, na família, com os amigos que escolhera em toda sua vida, Patrick não era acostumado com este tipo de tratamento.

Ficou chocado, irado, mas se conteve, com lágrimas rolando apenas no seu pensamento. Na realidade, elas estavam ali bem atrás da parte transparente do olho loucas para sair, mas se contendo. Precisavam ajudar Patrick. Ele não podia dar este prazer àquele monstro. Patrick deu um passo à frente e permaneceu mudo.

– O que veio fazer aqui, combatente?

“Como assim?”, ele pensou. –“Acabou de me dizer que só entram combatentes, me ofende como se eu fosse um fraco e agora me chama de combatente? Deve ser por ter visto agora o sangue nos meus olhos.”

O outro é assim; como os bichos. Se um animal feroz percebe em você o medo, certamente vai se aproximar, te atacar e devorar. É preciso mostrar sua força para que lhe respeite e trate de igual para igual. As palavras saíram duras da boca de Patrick:

– Quero ser tenente do exército!

Sargento Porto e mais outros dois sargentos e um tenente que estavam por perto soltaram uma sarcástica gargalhada fazendo vários comentários maldosos entre si.

– Acredita mesmo que pode me comandar? Nem consegue me olhar nos olhos jovem!

Patrick queria mesmo era comprar seu carro ou sua moto e já sentia com todo rigor o peso do mundo em suas costas. “Como é difícil conquistar nossos sonhos!”, ele pensou tentando eliminar de seus ouvidos o que estava falando para si mesmo. Nesta fase de sua vida ainda era um daqueles raros que falam o que pensam e sabem se defender. Mas neste momento sentiu a necessidade de trocar sua espada por um escudo. Foi mais leve:

– Só quero servir à minha pátria e se posso lutar por um jeito melhor de fazê-lo é o que vou fazer.

Ele não podia dizer o que realmente o trouxera até ali. Sabia que seria esfolado vivo com tantas humilhações que poderia sofrer. Foi ódio à primeira vista! Já odiava com todas as suas forças aquele homem que não se cansava de ofendê-lo:

– Acredita mesmo que pode ser capaz de defender um país só com um olho?

E novamente caíram na gargalhada ele e seus comparsas.

Tomado de fúria, Patrick se posicionou diante daquele homem branco de olhos claros que esbanjava soberba e como se recebesse um mínimo instante de cura, arregalou seus dois olhos, que já vermelhos de sangue ficaram, pelo menos, meio centímetro maiores que o habitual, trazendo de certa forma até uma desproporção em seu rosto, dando uma impressão de que era outra pessoa que agora estava ali.

Aparentemente, tal atitude fez com o sargento recuasse sutilmente. Como os animais que rosnam e quando percebem que o outro, apesar de se mostrar mais frágil, se comporta de forma superadamente corajosa, se encolhem. Firmemente Patrick falou:

– Enxergo muito mais que quaisquer dois olhos comuns podem ver, senhor! – bradou ele como se fosse um soldado respeitando até o ritmo da fala que é comum nas corporações, como se estivesse cantarolando. – Deixe-me servir e farei com que os senhores também possam ver!

Sargento Porto se inquietou com esse trocadilho, mas gostou da bravura de Patrick. Os militares não gostam de se mostrar fracos, mas adoram quando seus subordinados se mostram mais fortes do que eles. De certo modo, com isso eles têm o sentimento de missão cumprida. Preencheu seus documentos e levou para outra fila. Patrick concluiu as etapas daquele dia e, exausto, caminhou poucos metros até o ponto de ônibus já que a carona da mãe foi apenas para a ida.

Lá estava ele de novo enfrentando um dos seus maiores martírios: esperar o ônibus. Mas estava confiante e determinado! Passaria naquela seleção, faria o curso de um ano e em breve sairia daquela situação (pelo menos se esforçava para acreditar nisso).

Passadas algumas semanas, lá se foi novamente, agora para a última etapa. Esta fase era composta de provas físicas e intelectuais. Fácil para ele. Tinha a prova da corrida onde deveria correr dois mil e oitocentos metros em doze minutos, a prova de flexão de braços (quinze flexões), sessenta abdominais, dentre outras, e as provas de conhecimentos gerais.

Parecia fácil, mas nem tanto, especialmente quando viu seus concorrentes. Eram jovens dotados de bom porte físico e que demonstravam uma intimidade superior com o assunto. Todos a postos quando aparece novamente o sargento Porto gritando:

– Seu bando de lixo humano! Quero ver vocês correrem como guepardos, entendido? Não me venham com esses passinhos de bailarinas! Querem desistir, seus frangotes?!

Nesta hora, tão logo percebeu Patrick no grupo se alarmou e sagazmente se aproximou. Olhando bem fundo em seus olhos o desafiou:

– E então, seu meio olho! Quer que eu chame sua mamãe para te guiar, seu bunda-mole?!

– Não, senhor, senhor! – respondeu firme e sem hesitar, já buscando manter o tom de voz que era mais bem aceito naquele ambiente.

– Aqui você está sozinho, seu traste e vai ter que se virar assim. Seu melhor amigo é seu maior inimigo! Entendido?

– Sim, senhor, senhor! – bradou novamente, buscando manter o ritmo comum da fala militar, mas fervendo por dentro. Estaria mesmo preparado para suportar todo esse teatro dos infernos?

“Por que será que este sargento resolveu pegar no meu pé?”, ele pensava. Logo se lembrou de sua escolha e se posicionou com galhardia. Nada importava mais que isto.

Começou a prova. Patrick foi bem em todas, à exceção da prova de barra (exercício que consiste em se pendurar em uma barra de ferro erguendo o corpo tendo que passar a cabeça até o queixo por sobre essa barra. Nesta prova por dez vezes). Não que ele tenha tido dificuldades físicas na realização desta etapa. O fato é que Patrick sofria de hiper-hidrose nas mãos e muito nervoso que estava agravou o seu quadro e acabou por se soltar da barra não concluindo a quantidade prevista. Estava tudo acabado. Ele lamentou.

Mas não se entregou. Buscou coragem onde nem imaginava que existia e se dirigiu ao sargento Porto no intento de realizar novamente a prova (desta vez mais cansado, já que teria que praticamente repetir os esforços):

– Sargento Porto, permissão para falar com o senhor.

– O que quer, seu perdedor? Já ligou para a mamãe vir lhe buscar? Já caiu a sua ficha? Percebeu que aqui não é lugar para maricas como você?

Parecia que o sargento Porto de fato tinha algo pessoal contra Patrick e era nisso que ele acreditava. Na maioria das vezes, se comportava como se fosse a vítima do universo. Não desta vez.

– Sargento, preciso de outra chance! – retrucou firme e confiante bufando como um touro bravo. Sempre que ele escolhia algo e o desejo da conquista era ardente vindo do fundo do coração, se comportava como se fosse outro. Era chato e não se entregava até que tivesse conquistado aquilo.

O sargento e os demais praças e oficiais que conduziam a prova soltaram nova gargalhada zombando de Patrick e testando todos os seus limites. Porto disse:

– E o que te faz acreditar que terá este tratamento aqui na caserna, meio olho?

Parece que ele já havia o batizado com esta alcunha que tanto o feria. Para falar a verdade isso também me incomodava. Mas a determinação de Patrick era maior, ele então humildemente assumiu seu problema de hiper-hidrose ao sargento implorando por nova chance na prova:

– Sargento Porto, não tenho só ptose palpebral como deficiência física. Tenho também hiper-hidrose, mas, além disso, tenho um desejo ardente em meu coração de ser um oficial das forças armadas e não vou desistir por mais que tente me convencer disso!

– Mas você é mesmo um perebento, hein, rapaz! – mangou de novo com Patrick. Nesta hora, os seus concorrentes também se manifestaram contrários a essa possibilidade, o que tornou as coisas um pouco mais difíceis.

O fato é que ele não podia mais recuar. Havia descoberto essa possibilidade e concluído que só assim poderia adquirir seu veículo no tempo que havia lhe imposto e disso ele não desistiria.

O anjo da guarda que o deixou bem à vontade com sua autonomia até então intercedeu nesta hora. Sentiu culpa. Poderia tê-lo segurado naquela barra, mas deixou suas mãos escapar.

Patrick, então, explicou com maior propriedade do que se tratava e como iria se precaver na segunda tentativa, passando terra nas mãos, e por sua determinação e ousadia, que estranhamente agradava a corporação, convenceu que todos poderiam ter uma segunda rodada ampliando também as chances de seus concorrentes. Foi o máximo que o anjo conseguiu fazer por ele. Particularmente acho que está de bom tamanho.

Recolheu-se em um canto e como se falasse consigo mesmo, bradava:

– Eu vou conseguir! Eu vou conseguir!

De fato conseguiu. Sujou suas mãos de terra, discutiu alguma coisa ali com ele mesmo e fez treze barras (três além do previsto).

Terminado todas as provas físicas e intelectuais deu-se por encerrado o processo seletivo. Agora eram só os exames médicos e então agendaram data para que fosse divulgado o resultado. Dos cento e oitenta finalistas, somente trinta viriam a compor o quadro de alunos do curso de oficiais, outros seriam incorporados na tropa como soldados rasos e outros simplesmente dispensados por excesso de contingente. Estava quase lá.

Muitas conquistas e poucas perdas

"Tudo que criamos para nós, de que não temos necessidade, se transforma em angústia, em depressão".

CHICO XAVIER

O resultado

Uma outra linha

Às vezes as pessoas mais próximas são nossas maiores ameaças

O que os olhos veem o coração sente

A caserna

56 horas

Se a raiz é frágil qualquer golpe da natureza vai derrubar

O resultado

Chegado o grande dia, Patrick acordou mais cedo que o habitual e necessário e foi ter consigo mesmo. Em frente ao espelho fitava-se: "É hoje, combatente!" – falou já se dirigindo a si mesmo como se estivesse aprovado. Por instantes se sentiu confiante.

"Será que passei mesmo?" – Veio a dúvida. O "se" e o "será" são terríveis! Sempre nos confundem.

"Claro que sim! Fiz todas as provas físicas, me saí bem nos testes de conhecimentos, não tem como dar errado. E como será daqui para frente?"

Era comum Patrick se preocupar com questões de seu futuro distante. Como tinha dificuldade de se manter no presente! E quanto mais crescia, mais árdua era a tarefa de viver o aqui e agora! Num lampejo de sabedoria se acalentou:

"Patrick, vai lá e busque seu resultado! Viva essa experiência e compre a moto. Afinal, esse é o propósito maior."

Incrivelmente, escolheu ir para o quartel neste dia de ônibus, como se estivesse tão confiante no resultado que quisesse se despedir daquele jeito incômodo de se locomover.

Chegou no horário e aguardou o resultado. O ritual definido era mais ou menos assim, como relatado pelo sargento Porto, que nesse ato apresentava um respeito incomum em sua voz, andando firme de um lado para o outro com uma prancheta em suas mãos:

– Combatentes, sejam bem-vindos à caserna! Vou iniciar chamando os nomes dos trinta alunos que irão compor a turma do curso de oficiais. Em seguida, chamarei os novos recrutas e aqueles que não forem chamados estão dispensados e receberão instruções de como buscar seus certificados de reservistas. Qualquer dúvida ou oposição acerca do processo seletivo deverá ser tratada na sequência. Vou chamar por ordem alfabética!

E começou. Como o nome de nosso protagonista estava quase no final do alfabeto, ainda conseguiu vivenciar alguns instantes de paz. Mas só alguns instantes, pois do "A" ao "L" só foram chamados doze alunos e seu coração logo estremeceu:

– Márcio um passo à frente, Neliton um passo à frente, Pablo um passo à frente...

Chegou o "P" ele se aquietou quase tendo um faniquito!

– Paco um passo à frente, Pedro um passo à frente...

Nesta hora, Patrick nem percebeu ainda que havia passado seu nome, tamanha era sua aflição.

– Rildo um passo à frente...

Quando ouviu o Rildo, seu coração quase parou. O riso estava já ensaiado, o grito de alegria também, não havia se preparado para o pior. Ficou tonto e sua vista escureceu. Seu nome não estava na lista, e o pior, podia ainda estar na lista dos recrutas. Nada podia ser mais trágico que isso imaginou. "Além de não poder fazer este curso, ser oficial, conquistar meu desejo de comprar minha moto, ainda posso ser um soldado raso sofrendo um ano de humilhações desses infames?!" Não podia ser! Num esforço sobrenatural se controlou para não contestar o resultado naquele momento.

"Fique calmo, Patrick!" falou ele consigo. "Deve ter havido algum engano!"

Tentava se convencer de qualquer hipótese como costumeiramente fazem os inconformados com as contingências da vida. Afinal, todas as provas foram feitas e bem feitas, insistia consigo mesmo. Ficou surdo e não ouviu mais nada. Nem precisava, uma vez que de fato seu nome não foi mencionado. Estava na lista do excesso de contingente.

Terminada a chamada o sargento Porto passou por Patrick com um ar vitorioso dando claros sinais que de fato havia implicado com ele. Mas, como chato que era e decididamente determinado a fazer parte daquele quadro, não se entregou. Foi então que não se furtou da oportunidade de contestar a seleção como, aliás, já havia sido mencionada essa eventualidade. É claro, além dele outros tantos o fizeram, tumultuando sobremaneira aquela situação.

Foi quando se deu conta de onde havia sido barrado, para seu completo espanto nos exames médicos.– "Como poderia?!" pensou indignado, "Passei em todos os testes intelectuais, faço faculdade, estou em plena forma física, sou perfeitamente saudável, fiz todas as provas físicas..."

Foi falar com o médico:

– Com licença, doutor! – Foi entrando na sala todo nervoso sem fechar a porta e sem dar tempo nem para respirar disparou a falar em tom agressivo: – Me chamo Patrick, fui bem em todas as etapas da seleção e hoje recebo o resultado de que não poderei servir por ter sido reprovado em exame médico?! – Falou em tom arrogante, desmerecendo o trabalho daquele profissional.

Certamente, buscando equilibrar a situação o doutor, um jovem tenente, médico recém-formado, respondeu em tom mais baixo e muito respeitoso:

– Meu jovem, pode por gentileza fechar a porta e se sentar? Vamos verificar sua situação.

Mas Patrick queria brigar! Nenhum anjo foi capaz de controlá-lo nesta hora.

– Que história é essa? Desde que cheguei neste quartel para as seleções tem um tal de sargento Porto que não para de pegar no meu pé! Definitivamente esse homem implicou comigo e quer me prejudicar! Fiz tudo que deveria ser feito e não vou ser tenente por quê?

Ele estava furioso e isso só piorava as coisas. Mas o médico queria ajudar. Foi sempre gentil:

– Patrick, estou aqui olhando o seu processo e me lembro bem de você – retomou a fala de maneira bem atenciosa e cordial. – Como sabe, um soldado precisa ter suas aptidões intelectuais e físicas preservadas e, além disso, precisa atirar bem. Sabemos que poderá criar boas estratégias, que terá condições físicas de suportar todas as adversidades de um campo de batalha, mas como poderá fazer uma boa mira e atirar bem com sua deficiência no olho?

– Eu sabia! Ele tinha que encontrar alguma coisa para me tirar do time! – lamentou Patrick, mas ainda não entregue insistiu: – Doutor, eu tenho este problema de ptose palpebral, mas, como pode verificar clinicamente, é leve. Enxergo muito bem e posso provar que serei um dos melhores alunos. Deixe-me servir!

Não era tão comum alguém insistir tanto para servir o exército, entretanto a situação era muito delicada e o médico já havia contribuído até seu limite e o time estava composto.

Porém, não se viu em condições de se esquivar. Com dúvidas e acreditando que algumas barreiras adicionais fossem suficientes para tirar daquele jovem esta ideia fixa respondeu:

– Veja, sou clínico geral. Faça o seguinte, procure um especialista, seja específico com ele e peça um exame. Ele irá te examinar e se a avaliação for positiva, ele deverá nos encaminhar um laudo técnico detalhado, informando de sua capacidade para tal ofício. Caso esse laudo venha a nos convencer, você ainda tem mais dois obstáculos. Terá que contar com a sorte de algum desistente no grupo dos trinta, já que o grupo está formado, e ainda convencer o major Sá Correia de que pode compor esta equipe.

Teve uma última coisa que Patrick pensou alto logo que saiu da sala que eu como sempre acabei ouvindo e honestamente não tiro a razão dele. Tem horas que penso isso também: “Por que minhas coisas têm que ser com tanto esforço, tantas barreiras?! Parece que tudo para mim é mais difícil que para os outros!”

Uma outra linha

Sem saber o que mais dizer ou pensar Patrick agradeceu e saiu da sala do médico arrasado. Enquanto caminhava para o ponto de ônibus, vários outros pensamentos o tomaram: "O que vou fazer? E se o especialista confirmar minha incapacidade? E se for capaz, quem haverá de desistir de uma oportunidade dessas? Como será esse major, será que vou convencê-lo?".

Os insistentes "se" e "será" sempre presentes. É incrível como nos momentos de adversidades escolhemos pensar, na maioria das vezes, no pior. Parece que sempre que optamos pelo egoísmo e por focar a parte negativa das coisas colocamos pesadas nuvens entre nós e a luz que alimenta a nossa alma. Isso se acumula até que chega o momento em que não conseguimos mais enxergar a luz.

Assim estava Patrick, no escuro, cego e desanimado, quase entregue. Tão desiludido e confuso estava que nem percebeu o tempo passar, logo chegou seu ônibus.

Quando subiu ao ônibus, qual não foi sua surpresa! O senhor Paulo dirigia aquele ônibus. Era outra região e, portanto, outra linha. Cumprimentou-o nitidamente entristecido e gentilmente (como sempre) o senhor Paulo respondeu percebendo um ar diferente naquele jovem, que geralmente, apesar de nunca apresentar um bom humor, se mostrava vigoroso. Patrick estava tão distante que nem sequer questionou o que o senhor Paulo fazia naquela outra linha. Diferente dele, o motorista sempre atencioso, logo buscou aproximação puxando um assunto qualquer:

– Tudo bem contigo, meu jovem? Coincidência nos encontrarmos por aqui. O que faz por estas bandas? – Enquanto falava ia fechando a porta do ônibus, que estava bem vazio naquele horário.

– Bom dia, seu Paulo. Estava no quartel – respondeu Patrick se sentando próximo ao motorista com uma tristeza na voz de dar dó.

O motorista, sensível que era, imediatamente percebeu que Patrick não estava bem e foi logo dando um jeito de ajudar:

– Que maravilha, Patrick! Vai ajudar a defender nossa pátria? Acho fantástico! Admiro quem se dispõe a esse nobre ofício. A maioria das pessoas não estão dispostas a lutar e defender o que amam.

Mal sabia ele o quanto essa pergunta e comentário teriam efeito contrário em nosso protagonista que se manifestou como um soldado que perdeu a guerra:

– É... Bem que eu gostaria, seu Paulo. Mas não me aprovaram na seleção.

Respondeu sem dar maiores detalhes. Não era do tipo que gostava muito de ficar esticando conversas com aqueles que ele não tinha nada a extrair. Se ele interpretava que não tinha nada a ganhar em algum jogo, nem entrava. Senhor Paulo não se contentou:

– Como assim? Você é voluntário e não te aceitaram? Um garoto tão saudável e cheio de vida, como pode? – insistiu o motorista tentando encontrar uma forma de contribuir.

Patrick, então, aproveitou para passar o tempo daquela insuportável viagem contando sua história. Essa foi a forma que definiu para extrair algum ganho deste momento que tanto o incomodava (andar de ônibus). Senhor Paulo ouviu atentamente e o surpreendeu com uma pergunta depois de ouvir toda a história recheada de lamentos de Patrick:

– Certo, e quando vai ao oftalmologista? Já marcou seu retorno no quartel?

Falou de um jeito seguro que desconcertou Patrick que deu sinais claros de espanto, pensou um pouco, e respondeu com outra pergunta:

– E o senhor acha mesmo que devo continuar nesta ilusão idiota?

– Sempre jovem! – respondeu o motorista com um olhar penetrante e uma convicção de assustar. – Não deixe de buscar em sua vida qualquer coisa que acredita que seja capaz e que possa te fazer uma pessoa melhor. Se não der certo, o não já era seu! Prefere acreditar neles que pensam que você não pode ou em você que sabe que pode? O que tem a perder?

Patrick era um jovem inteligente, perspicaz, insistente, mas demorava muito para superar seus lutos. Ainda não podia assimilar isso. Respondeu com o mesmo baixo nível de energia original:

– Tenho a perder meu brio, seu Paulo. Como aquelas pessoas me humilharam naquele lugar! Não preencher os requisitos já me deixou muito desmotivado.

– Patrick, nunca vamos preencher todos os requisitos das expectativas que nós e os outros temos da vida, meu amigo. Se assim fosse, já estaríamos todos lá no topo. Compete a nós, bravos guerreiros, desbravarmos esses caminhos desconhecidos. Acha mesmo que te falta algum requisito? Se sente capaz de superá-los? Está disposto a isso? O desafio lhe agrada? É só pelo dinheiro ou existe algo de mais nobre? Não precisa responder para mim, mas se as respostas a essas questões lhe agradarem vá em frente, não desista! Esteja certo de novos obstáculos e até uma muralha que poderá surgir, mas, mais uma vez você caminha para ser uma pessoa melhor!

– Às vezes fico mesmo sem forças, seu Paulo. Parece que tudo na minha vida é mais difícil que para os outros. Nunca tive nada fácil à minha frente. Sempre tenho que batalhar tanto, que estou me cansando disso tudo...

– Veja os desafios de sua vida com mais coragem, meu jovem! Não entre em uma batalha acreditando na remota possibilidade da vitória. Batalhar muito e vencer pouco nos torna covardes. Passamos a ter medo dos combates até um triste momento que desistimos de lutar. Você é jovem. Ainda enfrentará muitos embates na sua história, daí a importância de se preparar bem para cada combate que for empreitar em sua vida. O contrário também é verdadeiro. Poucas vitórias são suficientes para nos tornar valentes. Prepare-se para esta e entre nela para vencer como sendo a sua única possibilidade! Se não vencer esta batalha, no mínimo, terá vencido você mesmo, e isso é aprendizado puro. Não se importe com a derrota, importe-se em combater o bom combate e aprender sempre!

Toda essa conversa deixou Patrick com a cabeça doendo e já sem saber no que pensar ou acreditar. Quando se deu conta já estava quase perdendo seu ponto. Agradeceu o motorista e desceu do ônibus prometendo que iria pensar naquela conversa.

Enquanto caminhava para sua casa não perdeu tempo e foi ruminando todas aquelas palavras falando consigo mesmo como era habitual. Chegando à sua casa, o almoço já estava na mesa, e pôde encontrar seus pais o aguardando para comemorarem juntos o resultado com seu prato predileto. Patrick, sem dar atenção a tudo aquilo, se dirigiu direto para o seu quarto dizendo aos seus pais:

– Podem almoçar sem mim. Estou sem fome. Pai, mãe, não foi desta vez. Fui reprovado... – falou ele com os olhos marejados deitando-se em sua cama desolado.

Às vezes as pessoas mais próximas são nossas maiores ameaças

A mãe de Patrick foi logo se levantando para consolar seu filho quando o pai a segurou pelo braço:

– Espere, meu bem. Não vá agora! Certamente será infrutífera qualquer incursão neste momento. Deixe-o sozinho por alguns instantes. Não conhece ainda seu filho? Esta é a hora que ele se lamenta, resmunga, chora, mas logo vai se recuperar, e neste instante, quando estiver mais aberto e, portanto, menos contaminado pelas questões que vieram a eliminá-lo do processo, nós vamos ao seu quarto e entendemos melhor.

– Tem razão, meu bem. Mas fico muito aflita em vê-lo assim... Ele estava tão animado! O que terá acontecido? Em todos os momentos ele deixou tão claro que era um bom candidato...

Sua mãe sofria talvez com a mesma intensidade do filho. Com seu pai não era diferente, só que ele era mais controlado, mais comedido. Sofria sua dor calado, como quem pensa em encontrar uma solução, o que não raras vezes acontecia. Mas esta não estava ao seu alcance, só dependia de Patrick. Depois de alguns minutos entraram no quarto do filho que se manteve exatamente como estava, deitado com a cabeça virada para a parede, abraçado em seu travesseiro. O pai então o questionou suave como um bolero:

– Filho, pode nos contar o que houve? Afinal estava tão animado com o processo e tão certo de sua aprovação. Onde foi eliminado?

Nesta hora, num misto de tristeza e fúria, Patrick teve uma reação histérica, imatura, inacreditável, e totalmente inesperada por seus pais que o sufocavam de tanto amor e compreensão.

Levantou-se da cama em prantos altos, jogou o travesseiro na parede, e puxando os lençóis da cama, ao mesmo tempo em que a chutava, começou a esbravejar pesado como um rock:

– É tudo culpa de vocês! – gritou apontando o dedo para ambos que completamente estupefatos com aquela reação, nem reagiram. – Olhem, estão vendo aqui este olho morto?! – berrava dando tapas e apontando agora para o seu olho deficiente que nesta hora estava mais caído que nunca. – Foi isto que me tirou da seleção. Maldita hora em que me aceitaram neste mundo com esta terrível deficiência! O que fiz para merecer este destino? Como se não bastasse como todos na rua me olham com desprezo e dó. Todos os infortúnios que já enfrentei com as garotas de que gostei e me desprezaram por ser assim tão horrível! Agora ainda me vem um tal de sargento "nojo" fazendo piadas, implicando comigo e me tirando a maior oportunidade de minha vida, por simplesmente ter antipatizado comigo?!

Dito tudo caiu novamente na cama em prantos dando socos no colchão e ainda resmungando algo que ninguém entendeu.

Nesta hora, sua mãe que sempre se comovia muito fácil, não tinha condição alguma de ajudar, pois também estava em prantos. Seu pai, calmo como sempre, tentou confortá-lo:

– Filho, acredita mesmo que um detalhe como este seria suficiente para eliminar todo amor que eu e sua mãe sentimos por você desde o momento que soubemos que você existia e era ainda só um embrião na barriga dela? Que bobagem é essa que está falando? Se foi isso que o eliminou deve haver uma razão. Pare de sempre culpar tudo e todos pelas suas derrotas! – advertiu o pai agora em um tom mais firme e posicionado. – E se há uma razão devemos investigar e buscar saídas, não nos desentender e ficar chorando aí pelos cantos! Diga o que foi que alegaram?

Nesta hora sua mãe ainda só chorava. Ele não ouvia, murmurava. Era a vítima maior do mundo! Respondeu perguntando:

– Pai, que saídas? Fui eliminado, não entenderam? Acabou! Vou ter que continuar nesta vida de cão, andando de ônibus, sem dinheiro, e vocês nem para isso serviram! Se ao menos pudessem me dar uma moto para eu ir para a faculdade como a maioria dos pais fazem!

Patrick ainda estava lamentando, chorando e acusando todos por sua infelicidade. Nesta hora, o pai perdeu um pouco a linha, enquanto a mãe aumentava a sua dor e pranto:

– Escute aqui, garoto! Trabalhamos como cavalos para sustentar e educar você. Você que nunca sentiu o sabor de estudar em uma escola pública, apesar de toda a nossa dificuldade. Você que sempre teve tudo que quis...

Neste momento foi interrompido aos berros pelo mimado Patrick:

– Não tive, não! Quanto já pedi por uma moto ou carro para eu ir à faculdade? Tive que inventar essa bobagem de servir o quartel para conseguir comprar eu mesmo, porque se for esperar por vocês sei que nunca vou ter!

O pai continuou buscando se acalmar e acalmá-lo, entendendo que manter o nível não iria levar aquela discussão a lugar algum:

– Patrick, eu ando de moto até hoje, se esqueceu? Se pudesse e tivesse condições teria o meu carro também. Você tem noção de quantos brasileiros lutam uma vida inteira só para ter uma casa para morar e um veículo para se locomover? E você, jovem, agora completando seus dezoito anos, já quer tudo nas mãos? Entenda que pensando assim vai sofrer muito ainda em sua vida. Conquistas são feitas através de muitas lutas. Ouvimos muitos "nãos"da vida até obtermos um único "sim". Se pudéssemos compraríamos sua moto com o maior prazer. Mas não temos condições meu filho, e não podemos ser culpados por isso. Tenha mais paciência e chegará onde quer.

Neste instante, Patrick levemente comovido pelas palavras de seu pai se recompôs e retomou a fala, agora mais comedido:

– Pai, mãe, vocês sabem o quanto me incomodo em andar de ônibus. Quantas vezes fiz questão de ir de bicicleta? Não só por gostar de andar de bicicleta como sempre gostei, mas para não ter que andar de ônibus. É um martírio muito grande para mim. Vi nessa oportunidade a chance de definitivamente me livrar disso. Daí me vem um "seu ninguém" e me descarta alegando que não posso ver bem e, portanto não posso fazer mira para atirar!

Só nesta hora seus pais conseguiram entender o que de fato havia o desclassificado, e temerosos pelo sentido que aquilo realmente fazia buscaram consolá-lo em vez de incentivá-lo a continuar nesta luta que só iria lhe trazer mais tristezas.

– Filho, vamos encontrar outra saída – disse a mãe. – Devo confessar que desde o princípio me preocupei muito com isso. Parece-me fazer sentido!

Ele a interrompeu:

– Mãe, mas eu enxergo bem! Vejo mais que muita gente que tem os dois olhos completamente saudáveis. Meu olho é saudável! Por que fizeram isso comigo? – questionou num tom de dar dó.

Seu pai então completou:

– Tudo bem, filho, mas sabemos como é o exército. Não vê aqueles jovens com seus cabelos e fardas? São todos iguais! Qualquer mero sinal que ameace essa similaridade que buscam pode realmente os preocupar. Esqueça isso, aquele local não é lugar para você. Vamos encontrar um trabalho onde possa ser mais bem recebido e que seja remunerado a contento. Vamos conseguir comprar essa moto de outro jeito!

Nesta hora, os três se abraçaram com os corações partidos, mas consolados, conformados. Pelo menos era o que parecia. Patrick se recompôs:

– Vocês estão certos. Vou encontrar um jeito. Não posso aceitar que aquele "sargento morto" me faça acreditar que não sou capaz de algo!

Exausto que estava, foi até a mesa e conseguiu almoçar alguma coisa já quase na hora do jantar. Deitou-se em seu quarto e dormiu até o dia seguinte.

Acordou cedo e resolveu que naquele dia iria cabular a aula. Por uma ótima causa a meu ver. Agendou uma consulta com um oftalmologista e lá se foi.

Ele e os anjos.

O que os olhos veem o coração sente

A consulta de Patrick trouxe de novo o brilho em seus olhos e nova esperança o preencheu. Como sua ptose palpebral era leve, mediante todos os testes, conseguiu extrair daquele profissional o laudo que confirmaria sua capacidade física para exercer o ofício. Nesta o especialista deixou claro que se tratava de uma blefaroptose unilateral com uma simples alteração estética não tendo qualquer problema funcional severo.

A boa notícia o irradiou de tal forma que chegou a esquecer dos dois outros obstáculos que teria pela frente. Saiu do consultório e foi direto para o quartel. Lá chegando deu com a cara na chancela do comando da guarda principal, pois quando foi anunciado, sem nem sequer ser atendido foi-lhe esclarecido que deveria agendar um horário.

Nesta hora, Patrick ainda radiante de alegria conseguiu se conter e fez o que lhe orientaram. Agendou dia e horário para depois de dois dias. Seu coração estava tão feliz e com tanta fé que ele só podia ver a beleza das coisas. Foi compreensivo como em raros momentos em sua vida.

No dia marcado acordou bem cedo, fez sua barba, colocou uma roupa bem formal (muito diferente de seu habitual jeito de se vestir) e lá se foi. Desde o dia em que chegou em casa e teve aquele desentendimento com seus pais preferiu manter segredo sobre sua insistência, temendo que eles pudessem o desacreditar, como fizeram naquele dia.

Seus pais, por sua vez, estavam confortados acreditando que Patrick realmente houvesse desistido e superado toda aquela dor. O mundo geralmente se apresenta mesmo assim. Cada um escolhendo em que acreditar para deixar a vida parecer mais leve do que é.

Chegando ao local, no horário e dia marcados, qual não foi sua surpresa quando recebido pelo nada menos que sargento Porto, e foi logo surpreendido por uma excelente notícia:

– Jovem combatente, você é mesmo um jovem determinado, hein?! Gosto disso!

Essa fala inicial fez com que Patrick, por alguns instantes, limpasse um pouco toda mancha que havia criado em volta do sargento. Ele continuou:

– Não desistiu ainda e tenho boas notícias! Dois outros jovens foram desclassificados de última hora. Um deles por sua livre iniciativa, que sinceramente não compreendemos, e outro que tinha um problema no joelho que foi detectado mediante exame médico mais detalhado. E você, conseguiu o laudo do oftalmologista?

Que sorte a de Patrick! Por que alguém desistiria? Às vezes quando lutamos por algo e a certeza desse querer não nos dominou por completo, desistimos inexplicavelmente na última hora, pelo simples medo do novo que está por vir e vai nos tirar de nossa confortável e previsível trilha.

Sargento Porto estava com uma gentileza na voz, um tom tão amigável em sua fala que intrigou Patrick.

"Será que por temer que eu consiga minha vaga, já está dando o braço a torcer por saber que em um ano será um subordinado meu?". Mas, sua felicidade agora dobrada por ter eliminado mais um obstáculo, era tanta que nem se ocupou desses pensamentos. Reluzente e bem amistoso respondeu:

– Sim, sargento! Consegui o laudo. Meu problema é só estético sem qualquer comprometimento funcional!

– Pois bem. Vamos submetê-lo a apreciação do tenente Mendes, o médico, e conforme seu parecer falaremos com o major Sá Correia.

O médico do exército não se sentiu muito à vontade em assumir sozinho aquela responsabilidade, apesar do laudo do oftalmologista. Por outro lado, respeitava Patrick. Admirava muito sua determinação e estava angustiado de não poder ajudá-lo naquele momento como gostaria.

Ele acreditava que em algum momento de suas vidas teria a oportunidade de ajudar Patrick de verdade. Seguiu sua fala, sozinho com sargento Porto após ter dispensado Patrick pedindo que aguardasse lá fora na recepção do ambulatório:

– Sargento, o que acha?

– Tenente, quem deve achar qualquer coisa agora é o senhor. Não está em minha alçada. Devo confessar que fico temeroso em aprovar o jovem com esse olho, mas se o especialista disse que pode enxergar bem, o que podemos dizer? Ademais, quando fazemos a mira naturalmente fechamos mesmo um olho e focamos em um só. De repente, ele vai fechar o olho deficiente e mirar com o outro.

– Tem razão, sargento. De todo modo vamos dividir esta decisão com o major.

O que não havia sido revelado pelo sargento é que esta conversa com o major era um protocolo natural que todos os alunos seguiram. Era uma forma de validar todo o processo. Olhar no olho daquele que seria seu comandante e chefe de ensino por um ano para que ele pudesse sentir a bravura de cada um pessoalmente.

Não era *a priori* uma fase eliminatória, mas no caso de Patrick poderia ser. Ele já impaciente, como se apresentava na maioria das situações de espera em sua vida, andava de um lado para o outro com aquela certeza inicial comprometida. De repente, saiu da sala o sargento Porto e o tenente Mendes. O segundo o convidou:

– Vamos, meu jovem! Agora teremos com o major!

Percebendo que esse era seu último obstáculo, se recompôs, retomou sua coragem e determinação, e se lembrou das sábias palavras daquele estranho motorista de ônibus: "Não entre em uma batalha acreditando na remota possibilidade da vitória. Batalhar muito e vencer pouco nos torna covardes. O contrário também é verdadeiro. Poucas vitórias são suficientes para nos tornar valentes. Prepare-se para esta e entre nela *para vencer, como sendo a sua única possibilidade!".*

Raramente esses lampejos de fé dominavam Patrick. Este foi um desses momentos. Patrick só conseguia ver seu nome naquela lista, já tinha até se visto fardado (e estranhamente até gostou do que viu), e com tudo isso seu coração estava transbordando de certezas. O que lhe encheu de forças para o embate que enfrentaria em breve.

Sentia como se aquela fosse a última batalha de sua vida! Com coerência assim se comportou também! Aguardou a sua hora e foi falar com o major, que naquele caso, de fato procurou dar tratamento distinto. Poderia ser talvez a primeira vez que iria reprovar alguém nesta fase.

– Com licença, major Sá Correia, me chamo Patrick e estou aqui para defender e contribuir com a defesa de nossa pátria! – falou ele em tom solene e formal.

O major, sem esticar a conversa e de um jeito objetivo e direto falou sem dar muitas chances para qualquer negociação ou continuação do assunto:

– Muito bem, filho. Estou ciente de seu problema e lamento dizer-lhe que infelizmente não será desta vez. A sua questão nos preocupa e apesar do laudo médico não vamos assumir este risco que pode trazer consequências desastrosas para todos nós. Vá até a seção administrativa e sem maiores complicações expediremos seu certificado de reservista livrando você de todo este tormento.

Patrick por alguns poucos segundos ficou atônito. Todo sangue de seu rosto parecia ter se esvaído e migrado direto para o coração que imediatamente começou a bater com tanta força que ele podia ouvi-lo e vê-lo remexendo sua camisa engomada. Com a face pálida e o coração batendo forte, parecia ter faltado ar e sangue nas pernas que ficaram bambas, e no cérebro que o deixou tonto com uma horrível sensação de que iria cair naquela hora. Os anjos tiveram que interferir. Fizeram uma barreira angelical nas suas costas o apoiando e mantendo-o de pé.

Para completa surpresa de todos, inclusive de nosso protagonista, Patrick reagiu de forma totalmente inesperada. Por vezes, diante dos infortúnios da vida, quando cansados de tantas negativas que ela nos reserva, reagimos de forma que nem nós mesmos acreditamos que seríamos capazes. É essa força inesperada que move o mundo. São donos dessa força os mais destemidos valentes que habitam esta terra. Estes que apesar de qualquer rasteira que tomam estão sempre prontos a se levantar e dar a volta por cima. Que se mostram inabaláveis mesmo à frente do mais aterrorizante obstáculo. Morrem e ressuscitam diariamente. Deixando sempre um eu velho e ganhando um novo a cada manhã. Parece que nesta hora somos tomados de uma força que nunca sentimos e nem sabíamos que existia em nós.

Patrick então deu dois passos à frente, colocou as mãos por sobre a mesa que o separava do major, abriu seu olho daquele mesmo jeito que o fez no momento da seleção inicial com o sargento Porto, olhou fundo e firme nos olhos do major e disse num misto de súplica e certeza altamente convincente:

– Major, me permita servir neste núcleo! Não existe um só propósito em minha vida em que me entreguei com tanta veemência como este! Nada do que já me propus empreender me permiti falhar! Prometo que não será desta vez! Não irei decepcioná-los e mais que isso, posso garantir que estarei em todos os momentos deste curso posicionado nos primeiros lugares. Sejam por provas físicas, intelectuais e até de tiro! Deixe-me servir, major, e provarei que sou capaz! Mais capaz que muitos dotados de completa saúde física! Vou surpreendê-los a cada alvorada, darei orgulho a este núcleo, e em troca de tudo isso só lhe peço uma chance, uma oportunidade de provar para todos os senhores que serei um dos melhores alunos desta turma!

Seus olhos estavam marejados, mas firmes, certos de tudo que havia dito. Por alguns instantes, pensou se foi ele mesmo que falou tudo aquilo e com tanta certeza. Não diferente estava o sargento Porto, perplexo e com respeito ou inveja diferente em seus olhos, para com aquele jovem que durante todo processo ele desdenhou. O major, com a mesma objetividade que o descartou arbitrariamente na sua fala inicial, contagiado e convencido daquelas palavras, não teve outra alternativa:

– Sargento Porto, leve o aluno Patrick para conhecer os seus aposentos.

– E você, aluno, confirme a data de início e não se atrase! Aqui nossa alvorada se inicia antes do sol! Podem se retirar!

– Sim, senhor major! – bradou Patrick como qualquer bom soldado o faz, com o coração chorando de felicidade, mas sem permitir que nenhuma lágrima escorresse ali, não naquela hora... O banheiro seria seu próximo destino, antes até de conhecer seus aposentos, para não fraquejar diante do sargento que parecia já ter conquistado seu respeito.

Chegando ao banheiro, caiu de joelhos, agradeceu aos céus e seu pranto rolou sem cerimônias e sem reservas. De fato, quando vislumbrou a possibilidade e conseguiu se ver lá nada mais o deteve. Seu coração se preencheu de tanta certeza que nada poderia impedi-lo mais. Fazia parte daquela turma que traria para ele um ano de inesquecíveis momentos, além de seu objetivo original e maior.

A caserna

Diário de Patrick:

Janeiro de 1991, passagem da vida civil para a vida militar. Sem nenhuma dúvida dois mundos muito distintos. As exigências são muito maiores que a velocidade com que vamos alterando nosso comportamento. O primeiro dia foi estranho. Um tal exercício de tirar e colocar farda, apostando corrida. Depois aulas de todos os tipos. Vimos instruções de ordem unida, que são aqueles ensaios marchando em grupamentos, topografia, patrulha, camuflagem, comunicação, tiros. Primeiros quarenta dias com aulas diárias e de segunda à sexta dormindo na caserna. A namorada ficou uma fera e eu agoniado também sem saber o que ela está fazendo lá fora. Aqui tenho feito coisas que nunca imaginei que faria. Dormindo em um galpão com quinze beliches. Lugar estranho! Frio e calorento ao mesmo tempo, cheio de pernilongos, com luzes entrando pelas janelas trazendo todos os pensamentos aqui para dentro e deixando cada vez mais claro o quanto estou cada vez mais sozinho. Dói!

Patrick parou de escrever e pensou: “Ei! O que está fazendo aqui cara?! Foda-se este lugar e este negócio todo! Vamos cuidar de nossa vida, ser feliz! Isto aqui definitivamente não é coisa para você!”.

Ele geralmente falava de forma muito interativa consigo mesmo. Logo vieram as lembranças do ônibus, das longas caminhadas, da falta de dinheiro... Depois de pouco tempo adormeceu naquele lugar, tão próximo de sua casa, e ao mesmo tempo tão distante de seu mundo.

Despertou com uma corneta tocando e um monte de jovens (vinte e nove alunos, dois haviam saído logo que ele conseguiu voltar, assim formou-se uma turma incomum com um aluno a menos), saltando da cama e ao mesmo tempo em que vestiam as fardas, arrumavam as camas e pegavam seus coturnos para calçar enquanto sargento Porto entrava no dormitório gritando e batendo um cassetete nas barras laterais dos beliches trazendo todos para fora, cada um como estava. E novamente exercício de colocar farda, e tirar e trocar farda, e tempo, e ordem unida, e orientação, e tiro, e um monte de coisas que nada tinham a ver com a história de nosso protagonista. Mas ele precisava de dinheiro. Tinha que conseguir sair do ônibus, ser diferente, ser oficial das forças armadas e depois de poucos anos longe do mundo, oficial da reserva não remunerada.

Integrou-se. Por vezes gostou, por vezes chorou. Muito lamentou. Patrick, sempre impaciente, imaturo, urgente, intenso.

Depois de apenas dezenove dias de seu início partiram para o exercício de honrarias para entrega da boina do aluno. Um exercício que o fez conhecer alguém que sempre o sondou, mas que ele nunca reconheceria como.

56 horas

Saíram numa tarde de quarta-feira. Os vinte e nove alunos foram de caminhão pela estrada vicinal lateral ao batalhão. Esta via os levaria a um destino que era desconhecido por todos os alunos bem como toda programação de início, meio e fim daquele negócio.

O desconhecido sempre será um ingrediente que trará, no mínimo, descontrole às situações. Logo após quinze quilômetros a viatura parou e foi ordenado que todos os alunos descessem do caminhão.

– Ele está quebrado, teremos que continuar marchando!

Tudo aquilo fazia parte daquele ritual de tortura.

Foram uns vinte quilômetros com jovens que até dezenove dias atrás nunca tinham calçado um coturno. Os pés de Patrick ficaram em carne viva. Chegaram de madrugada a um local ermo e fizeram um acampamento com dormitórios em formato de charutos. Todos espalhados por um campo aberto com suas capas enroladas em suas mantas e corpos em forma de um charuto jogados nos pastos. Foram no máximo duas horas de olhos pregados até que o inesquecível sargento Porto começasse a gritar chamando todos para o início dos exercícios:

– Saltitando, saltitando, saltitando sem parar, se eu parar de saltitar, flexões eu vou pagar!

Era assim, cantando essa canção repetidas vezes e saltitando em um ritmo coordenado, que passavam os alunos na linha de leite, café e pão com margarina, nos cinco minutos que antecediam ao exercício.

Começaram com transposição de curso d'água, às seis horas da manhã num frio de doer os ossos. Patrick se sentia sempre muito sozinho naquele lugar. Afinal eram só dezenove dias de convivência, além de toda sua timidez. Perguntava-se sempre: "O que está fazendo aqui?!".

Terminado esse exercício de seis horas, que era o tempo de cada oficina, imaginou que fossem almoçar em paz quando o sargento Porto saldou os alunos com aquela bela canção:

– Saltitando, saltitando, saltitando sem parar, se eu parar de saltitar, flexões eu vou pagar!

Um ou outro se atrevia a parar de saltitar. Sentia o pagamento. Eram flexões de tirar o apetite. O chão ficava limpo.

Logo mais uma oficina de seis horas. Terminada essa, então Patrick pensou: "Agora, vamos tomar nosso banho, montar nossos acampamentos, descansar para continuarmos amanhã. Janta!".

– Saltitando, saltitando, saltitando sem parar, se eu parar de saltitar, flexões eu vou pagar!

Outra oficina de seis horas e então já era meia-noite e além de toda noite anterior caminhando, praticamente sem descanso, somavam-se dezoito horas de exercício. Falou Patrick com o aluno Bicalho:

– Este pessoal do exército é mesmo duro, hein! Impor-nos um limite desse? Dez horas de caminhada e depois dezoito de exercício?

Bicalho nem teve tempo de responder quando encontraram com sargento Porto esperando a tropa com aquele *jingle*:

– Saltitando, saltitando, saltitando sem parar, se eu parar de saltitar, flexões eu vou pagar!

Ceia. Pão e leite quente com água para continuar na oficina da meia-noite às seis. Patrick mal pôde acreditar quando o sargento começou a gritar torcendo para selecionar alguns, que firmes como zumbis, lutavam para não se entregar àquele infame:

– Querem desistir?! Querem ir para suas casas, com suas mamães?! – ele provocava todos, que apesar de já serem adultos o suficiente para compreender que tudo não passava de uma simulação, se doíam e se fortaleciam como verdadeiros soldados.

Mais seis horas.

Depois de vinte e quatro horas de exercícios não havia mais dúvidas. Era a hora do descanso. Enganou-se de novo. Nova oficina de seis horas. Era orientação com mapa, depois com bússola, primeiros socorros, sobrevivência, trincheiras. Patrick podia até se divertir, mas não conseguia ver o caminho, só o fim da linha. Sofria. Quase se entregou algumas vezes com os pés podres.

Ao todo foram oito oficinas de seis horas, portanto quarenta e oito horas, mais oito de caminhada na noite anterior, mais o dia anterior de expediente! Enfim, quase setenta horas em atividade sendo pressionado vivendo um mundo tão diferente do seu. E ainda: "O que será que minha namorada está fazendo lá fora sem mim?".

Se a raiz é frágil qualquer golpe da natureza vai derrubar

Foram muitos os momentos de conflito. Era difícil Patrick aceitar a ideia de que poderia existir nova guerra mundial que demandasse as forças armadas naqueles termos dos treinamentos. Entendia que a humanidade já havia ultrapassado aquele velho modelo de combater. Sentia então como se estivesse de brincadeira. Queria só ganhar seu dinheiro, mas tinha que ser de forma séria. Não era diversão, mas nem sabia por que tinha que ser assim. Junte tudo isso ainda aos conflitos com a tal namorada. Milene não era nada fácil, nem Patrick.

Sobreviveu a um ano no curso e cumpriu seu compromisso com major Sá Correia: foi o segundo lugar da turma (lembrou-se do vice-campeonato goiano de skate e que era a segunda vez que era vice. Como deveria ser o campeão, o primeiro lugar? – curiosamente Patrick sempre gostou mais de correntes e pulseiras de prata do que de ouro).

Escolheu uma boa vaga e ganhou dinheiro. Além disso, aproveitou para se deleitar com seu algoz: Sargento Porto. Era sua chance de vingança, afinal com a estrela no ombro podia esmagar os macarrões da farda do sargento. Respondeu quase à altura. O colocou em situações constrangedoras e algumas vezes o fez passar algumas humilhações. A vingança. A doce vingança que também pode ser muito amarga no final. Sargento Porto era daqueles que agia de um jeito, mas não tolerava que agissem com ele assim. Jurou tréplica.

Patrick odiava o que fazia, mas ganhava dinheiro. Não quis esperar. Fez empréstimo, pegou todo dinheiro em papel, pagando uma boa taxa de juros até o final daquele ano e enfim, comprou sua tão sonhada moto!

Como era próprio dele, na maioria das vezes conflitado, horas preso no passado, outras vivendo no futuro, raríssimas vezes se encontrava no presente. Os acidentes que nos acometem a todo o momento são advindos das ausências do presente. No aqui agora estamos atentos, contemplativos, curiosos e temerosos quando enxergamos o perigo. O passado e futuro pertencem à outra moldura que não decora o cenário presente, isso tira nossa atenção e então vêm os desastres. Um dia indo com sua moto para o exército Patrick atropela uma bicicleta às seis e meia da manhã, voa por cima dela, bate com o canto esquerdo da cabeça ralando no asfalto ainda frio, seu tornozelo torce de um jeito que não restou dúvidas da gravidade do fato.

Nunca mais seria o mesmo. Não havia qualquer chance de continuar sendo um militar sem um tornozelo saudável. Patrick ficou um tempo afastado e logo que voltou estava concluindo o contrato e ele teve seu período de caserna breve e definitivamente encerrado. Não se entristeceu com isso, nem se alegrou. Patrick já sentia suas emoções de um jeito diferente.

Sargento Porto não podia acreditar. Aquele meio olho o desafiou, entrou apesar de tantos obstáculos, tudo bem que teve um acidente, mas ficou feliz em sair. Escolhia. Não era escolhido como ele. Sentiu ódio, inveja, repulsa.

Patrick, jovem, se esforçava de um jeito exagerado para demonstrar um mau humor desnecessário que só afastava os que estavam próximos, mas de alguma maneira o fazia acreditar que as pessoas o respeitavam por isso.

Imaginava que a vida era fácil e que ganhar aquele dinheiro era simples. Bastava ter atitude trabalhar corretamente buscando sempre o conhecimento e a técnica que o resultado viria. Será?

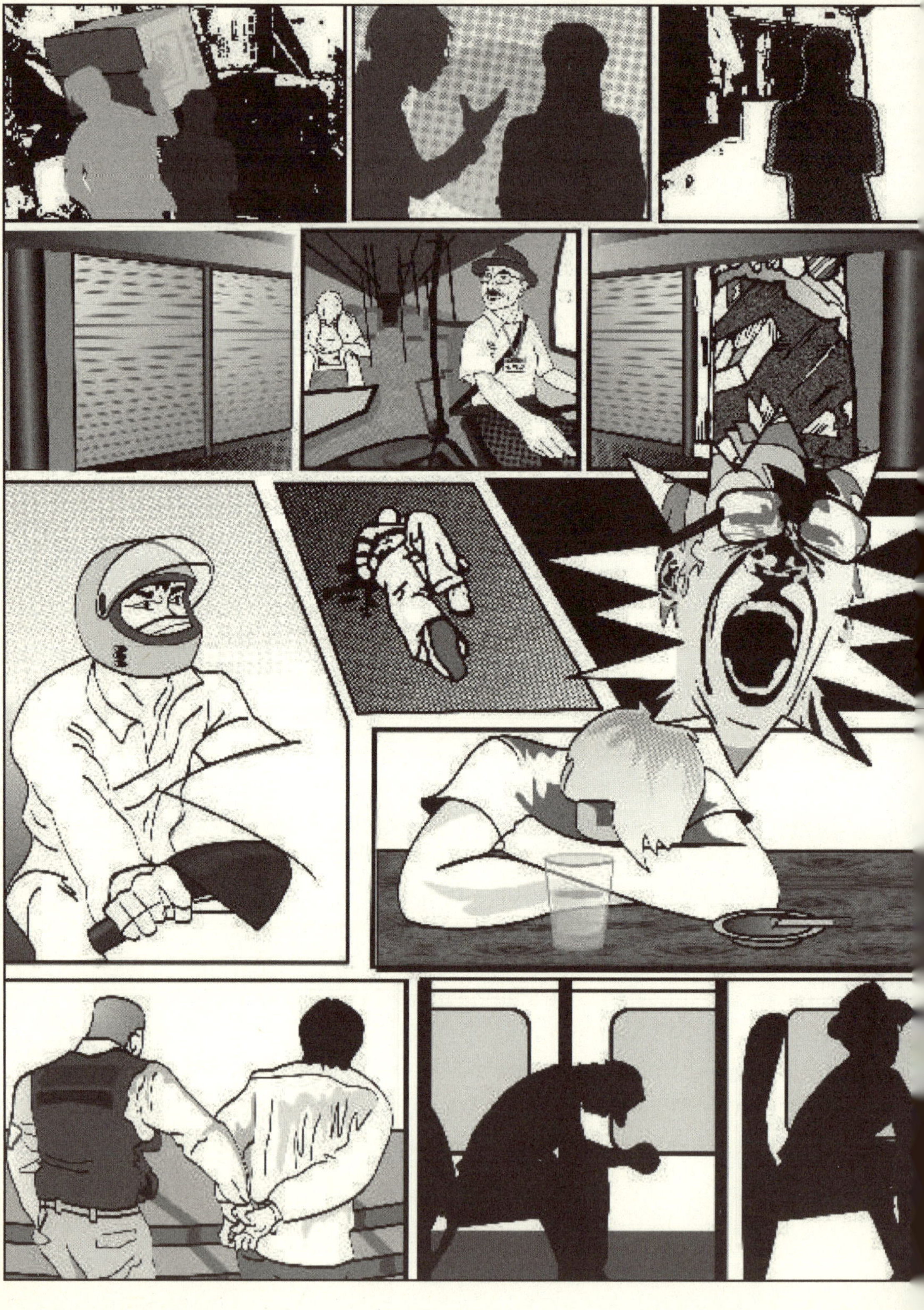

Uma vida sem sentido

"Só há duas abordagens possíveis para tratar com circunstâncias perturbadoras no presente. Uma é mudar as circunstâncias; a outra é mudar a mente que está experimentando a perturbação".

W. Timothy Gallwey

O mundo lá fora

De volta para dentro, menino!

E ele achava que tinha terminado...

Mais sozinho do que nunca

Fundo do poço a 50 metros →

Olhando no fundo dos olhos do mal – eles eram azuis

De volta à vida – parte I

De volta à vida – parte II

O mundo lá fora

Do diário de Patrick:

> "Saí animado. Um alívio desabitar aquele ambiente. Não era para mim. Sou muito mais! Ganhar esse salário não é comum, mas posso trabalhar muito com inteligência e vou chegar lá."

As ideias não estavam muito erradas, mas não correspondiam com as atitudes. Patrick "bateu cabeça" por muito tempo. E pela dificuldade financeira que ameaçava se instaurar precisou parar sua faculdade. Foi uma série interminável de escolhas e tentativas sem sucesso e infundadas para se recolocar, sem qualquer conexão com seus propósitos de vida, ainda mais agora longe da sala de aula!

Resolveu que dava para o ofício de vendedor de muamba! Saiu do exército, com um bom abono pecuniário (que é uma espécie de FGTS – fundo de garantia por tempo de serviço – das forças armadas), foi com Milene até o Paraguai e compraram tudo de contrabando. Era tudo quanto é tipo de eletrônicos e outras novidades que não serviam lá para muita coisa. Pensou ele: "Preciso ganhar um bom dinheiro e adoro viajar. O retorno deve ser rápido, este vai ser o meu negócio!". Só que ele nunca tinha trabalhado como vendedor. Por onde começar?

Resolveram começar pelo começo, arregaçaram as mangas e começaram a ligar para os amigos. Gastaram um monte de telefonemas, bateram muito papo furado e não venderam nada. O tempo foi passando.

– Milene, e agora o que vamos fazer? Compramos esse monte de bugigangas que não teve qualquer saída, estou sem dinheiro e com contas para pagar! Você tinha que me incentivar a sair do exército, não é mesmo?!

A facilidade com que Patrick atribuía seus insucessos a outros era incrível, o que o afastava muito de se conhecer melhor.

– Patrick, você é um fraco! Não serve para este negócio. Quem não sabe ouvir, não sabe vender!

– Acontece, Milene, que essas tranqueiras ninguém vai querer! Se você não tivesse colocado tanta dificuldade nas coisas que escolhi podíamos ter vendido!

– Veja como é fraco! Por que não trouxe o que escolheu? – ela mesma respondeu com outra pergunta. – Por que sugeri outras coisas?! Por que optou pelas minhas coisas e não pelas suas coisas? O problema não são os produtos ou eu, Patrick, o problema é você! Enquanto não perceber isso vai ficar se aliviando sem nunca evoluir! Não quero viver do lado de alguém assim! Deixe tudo comigo, dou um jeito de te pagar e vai seguir sua vida. Não quero mais saber de você!

Patrick não tinha ouvidos para essas conversas. Ficou feliz com o fato de ter seu dinheiro de volta e acabar logo com este namoro.

– Ótima ideia! Retomo minha vida e longe de você!

Ele recebeu em pouco tempo parte de seu dinheiro de volta e gastou tudo em roupas. A cidade onde morava era um polo de confecções e novamente falou para si: "Veja, você vai trabalhar com roupas que é um produto que todo mundo usa. Continua na estrada vendendo pelo interior. Agora já sabe vender (não tinha vendido nada ainda, e tentado muito pouco), este é seu negócio!".

Ele, claro, concordou consigo mesmo.

Com parte do dinheiro, vendeu a moto e comprou um carro, para que pudesse carregar as roupas. Era um carro pequeno e ele viajava com um companheiro, o Julierme. Abaixavam o banco de trás e tudo virava depósito de roupas de todos os tipos que Patrick conhecia muito pouco. Quando saíam para estrada iam com o propósito de fazer vendas em algumas cidades em um período de até quatro dias na estrada. Agora era livre, não tinha namorada para prendê-lo, e adorava a ideia de estar na estrada, dormir em pousadas desconhecidas e modestas, comer as comidinhas caseiras das donas das pousadas, estar cada dia em um lugar diferente.

Mas a ideia de vender não o agradava muito. Além disso, ele definiu que sua ptose palpebral pudesse ser impeditiva, pois boa aparência era fundamental em vendas e a deficiência comprometia a sua.

Cá para nós ele sempre foi ótimo para arquitetar as melhores desculpas!

Depois de alguns dias na estrada com poucas vendas e seu amigo Julierme com seu estoque quase no fim, Patrick resolveu abordar Julierme:

– Companheiro, acredito que os modelos que eu trouxe não estão agradando. Quando chegamos a uma cidade, fico olhando o pessoal, vejo as lojas e fico imaginando que não é roupa para esse tipo de local. As poucas vezes que apresentei meu mostruário vendi quase nada.

Julierme era um tipinho desses que passava fácil. Era liso. Meio agalegado, com barba cerrada, olhos claros, conversa boa, por total incompetência em todos os outros setores que buscou como administrador de empresas acabou como vendedor. E tinha um só segredo; em todos os lugares que chegava, ia a todas as lojas e apresentava todo o seu estoque. Daqueles que viajam sempre com outro e sempre para lugares inéditos que é para não fincar raiz. Às vezes entregava a mercadoria, outras não. Dependia de como e quando recebia. Vendo o companheiro naquela situação, e sabendo da qualidade da mercadoria de Patrick tratou logo de ir concordando:

– Pode ser, Patrick! Realmente acho que seus modelos estão muito avançados para o local. Eu também não teria coragem de mostrar. Acha mesmo que esta profissão é para você, companheiro?

– Poxa, Julierme, tenho tentado de tudo. Mas penso que ainda não acertei no produto. Ou no estilo da venda. Talvez a venda externa não seja meu ramo. Tenho pensado em mudar.

Ao gatuno soou como música aos seus ouvidos que foi logo facilitando:

– Posso te ajudar! Compro sua mercadoria, sigo em outra rota para tentar vendê-la e você pega seu dinheiro e parte para outra. O que lhe parece?

Problemas não eram muito a especialidade de Patrick. Quando via uma solução sorrateira, mais simples e que lhe daria oportunidade de mudar de novo, não pensava muito. Imaginou-se com parte de seu dinheiro de volta que, aliás, estava se acabando, fazendo outra atividade menos estressante, e foi logo negociando. De um jeito que vocês podem imaginar! Ainda mais com Julierme.

De volta para dentro, menino!

O que sobrou obrigou Patrick a sair do carro e voltar para a moto, além de não deixar a ele muitas escolhas. Agora sem namorada, conflitado com a boa situação em que ela se encontrava como sacoleira do Paraguai, ainda fora da faculdade, mas de moto, longe dos ônibus, e muito, mas muito insatisfeito com tudo que o cercava. Ele não fazia ideia do que o atormentava tanto. Com tanto tormento, cada vez mais longe dos livros e da música pensou que podia ser por isso sua tristeza.

Teve então uma ideia brilhante para empregar seu pouco dinheiro: ia montar uma banca de revistas! De moto gastaria pouco, poderia ficar por ali vendendo seus produtos atrás de seu balcão, e ainda podia ficar ouvindo música o dia todo, estudando as revistas de violão que venderia, lendo revistas e pequenos livros de bolsos que venderia, enfim, seu dinheiro dava, não precisava mais vender na rua, podia ficar quieto esperando os clientes e ainda voltaria a um maior contato com suas grandes paixões.

Conseguiu comprar um ponto razoável em um bairro periférico com comércio bem movimentado. Como Patrick era bem culto e apreciador de uma boa leitura, fez sua primeira compra bem direcionada ao seu gosto. O sorriso começava de novo a brotar em sua face cimentada já com tantos desacertos. Passou o dia organizando as prateleiras, com revistas de todos os tipos e muitos quadrinhos que ele adorava, jornais de três cidades, muitas séries americanas e revistas caríssimas, mas segundo ele acreditava, com excelente retorno financeiro. Tinha um freezer com picolés e uma boa quantidade de opções de chocolates e bombons, além de cigarros. Tudo que ele gostava, tinha ali dentro! Sentiu-se em casa!

Ao final do dia, pôde ver sua nova empresa montada por suas próprias mãos e isso o encheu de emoção. Nesta hora, ele sentiu uma coisa diferente! Parece que tinha enfim se encontrado, estava em paz. Não ouvia tantas vozes o tempo todo emitindo comandos para que fizesse isso ou aquilo, concordando ou discordando de si mesmo. Estava em paz, em silêncio, só curtindo sua obra. Fechou as portas, montou em sua moto e voltou para sua casa. Lá chegando surpreendeu seus pais com seu semblante quase inédito!

– Pai, mãe vocês precisam ver! Meu negócio ficou fantástico! A banca está linda! Acho que agora vou me encontrar. Com paciência vou reconstruir minha vida.

A mãe, não podia aceitar a ideia do filho fora da faculdade e jornaleiro!

– Patrick, você sabe muito bem o que penso disso! – resmungou ela com ares de desaprovação.

– Mas, mãe, agora acho que vou ser mais feliz. Já fiz muitas escolhas erradas por causa do dinheiro e agora acertei – foi completando para se justificar melhor que era algo que nunca deixava de fazer. – Primeiro o exército, que é um local com princípios totalmente diferentes dos que me ensinaram. Local de péssimo tratamento com regras muito rígidas, tudo muito diferente de mim. Depois as vendas do Paraguai. Amigos não são para fazer negócios conosco, são para beber cerveja com a gente e jogar conversa fora, e me equivoquei muito ao achar que seria um caminho para eu ganhar a vida. Vender mercadorias do Paraguai para pessoas que não conheço, não ia dar certo nunca! Além da minha aparência, como fazer isso? Depois as roupas, me incorrendo no mesmo erro: como falar de moda, de estilo com um olho caído desses? Agora sim. Não preciso bater de porta em porta, as pessoas que vão entrar em minha banca estarão ali porque querem e se comprarem foi também porque quiseram!

O pai se manteve calado o tempo todo como um bom observador que era. A mãe:

– Mas meu filho, e sua faculdade? Esse trabalho não dá para pagar sua faculdade, e estamos em um momento de dificuldade também, você sabe disso.

– Mãe, vou tentar uma bolsa e seguir em frente. Não vou ser empregado de lugar nenhum! Já deu para ver pelo exército que esse negócio de ficar recebendo ordens não é para mim!

– Filho, ordens a vida nos dá o tempo todo! Seja do patrão, seja do cliente ou do mercado, ou até de nós mesmos, nunca estaremos livres!

Logo veio sua voz falando com ele: "Realmente, Patrick, eu mesmo me dou ordens o tempo todo.".

Mas ele preferiu não ouvir isso. Foi caminhando para o seu quarto para o merecido descanso. Precisava acordar bem para a estreia de sua banca. Despediu-se de sua mãe assim:

– Mãe, vai ser diferente. Vou provar para vocês. – Pegou a mãe pelo rosto, deu-lhe um carinhoso beijo na face, outro no pai que se manteve mudo, e fechou a porta de seu quarto. Lá no seu canto ele só não podia fugir de uma pessoa que nunca o deixava sozinho: ele mesmo!

Essa história vocês já conhecem. Como já sabemos não foi diferente desta vez. Só mais uma escolha para chamá-lo de volta para dentro. Ele montou a banca, foi assaltado a primeira vez, perdeu de novo sua moto e com ela sua fé. Agora sem nada, pensou que não podia piorar. Ledo engano.

E ele achava que tinha terminado...

De fato com a venda da moto algumas questões foram sanadas. Outras degringolaram. O estoque foi reestabelecido, a estrutura física do local foi reparada. Sobrou recurso para pagar os empréstimos e ainda instalar um sistema de alarmes que o protegeria dali para frente de outros infortúnios da mesma natureza, mas não os de outras naturezas...

Não obstante a esses fatos positivos, Patrick continuava longe da faculdade e com isso longe da ponta do fio da esperança de ter uma vida com maior significado, afinal, por que servir o exército? Por que comprar e vender muamba? Por que vender roupas ou revistas? Pelo dinheiro?! Esse que um dia temos, fazemos escolhas erradas e perdemos?! Esse que se temos ou não temos continuamos com nossas mesmas desilusões, afinal, somos muito mais do que temos!

"Continuo a pé e com a mesma sensação de vazio de sempre!", falava a voz macia como algodão para Patrick. Macia, com um gosto de furta cor. Ela, como sempre, nunca trazia respostas inteiras, só alguns pedaços.

Talvez fosse esse o seu primeiro momento de grandes conflitos. Parte dele estava muito certo de que deveria produzir dinheiro, renda, salário, faturamento, esse era o mote. Outra parte sugeria maior dedicação às coisas que amava e tinha talento. Era boa a sensação de fazer algo por alguém e ainda ganhar dinheiro por isso. Precisava insistir um pouco mais com a banca, capitalizar e voltar para sua faculdade.

O plano era mais ou menos assim: agora que as vendas já estavam num ritmo melhor, as compras foram se ajustando e girando mais. A ideia seria capitalizar uma parte, para somado com outra renda mensal, retomar o pagamento da faculdade no próximo semestre. Estava ferrenhamente controlando sua batalha interior.

Com a venda da moto, voltou a andar de ônibus. A rota quase sempre na mesma região. O motorista sempre aparecia. Logo no primeiro dia depois da venda da moto, se espanta ao ver aquele jovial senhor com o mesmo semblante incomum de sempre, que habitualmente o cumprimentava de modo muito gentil:

– Seja bem-vindo, Patrick! Estava sumido. Cadê sua moto?

– Pois é, seu Paulo. Tive que vender para recomeçar minha banca. – E contou sua história. E pensou: "Como ele sabe da moto?!".

Seu Paulo, como sempre, ouviu atencioso e percebeu que aquele jovem tinha crescido. Não reclamava da vida tanto mais, parecia estar mais otimista com uma visão mais positiva das coisas. Tinha enfim começado a descobrir que o mundo não estava ali para simplesmente servi-lo.

– Filho, vejo que parece estar mais consciente das coisas. Apesar de tantos revezes está aí firme como uma rocha! Superando as adversidades, driblando seus obstáculos e seguindo em frente. Fico muito feliz com tão importantes passos. Parabéns! Estou certo de que vai conseguir tudo que almejar agindo assim!

Falou o senhor Paulo em tom de bênção quase sendo atropelado pela resposta de Patrick.

– Fico honestamente muito agradecido por esta menção, senhor Paulo. Entendo que como seres humanos cheios de imperfeições temos a missão de buscar a cada dia uma transformação em nosso ser para que possamos evoluir a cada dia. E como sou imperfeito! Só que tive a oportunidade de descobrir isso e então veio a responsabilidade por estar mais atento. Assim, procuro agir com atenção a essas questões. E assim sendo, na fase do processo evolutivo em que me encontro, me agradam e trazem significado para minhas ações e, portanto minha vida, alimentos como esse que o senhor acaba de me oferecer. Retornos como esse que me deu verdadeiramente me motivam a continuar trilhando este caminho de mais consciência e menos vaidades. Não está fácil, mas estou me esforçando.

– Patrick, você faz ideia do que penso de você? Desde nosso primeiro contato em um ônibus na rota da faculdade percebi um valor que deveria ser explorado. Algum tesouro velado aí dentro que talvez nem você tenha ainda descoberto e que ninguém que lhe cerca ainda foi capaz de ajudar a trazer à tona. Sobretudo, acredito no poder de transformação do ser humano, portanto vejo como um fato isolado os equívocos que (como qualquer outro mortal) você cometeu e acredito honestamente na sua capacidade de superação e de mudar esta história. Entretanto filho, algumas feridas que lançamos no mundo deixam marcas que talvez nem o melhor dos curandeiros possa sarar. Daí a importância de estarmos sempre muito atentos e geralmente (infelizmente) aprendemos mais com as dores.

– É verdade, senhor Paulo. Não sei se teria chegado até este ponto sem todas essas desgraças que me aconteceram, mas parece que agora vou ter um pouco de trégua nessa interminável batalha.

– Não conte com isso, meu jovem. A vida é uma eterna batalha interior. Só conseguiremos vencer as batalhas do nosso dia a dia se a interna estiver controlada. E esta nunca cessa. Assim você precisa aprender a combater sem se infelicitar por isso! Desta batalha você só sai sem vida. Por isso é preciso viver durante a luta. É o momento da vida. Exatamente quando ela acontece! Em meio à luta! Por isso não se entregue, ela não vai parar e nem ter compaixão por você.

Patrick só ouviu. Já conseguia fazer isso, o que foi uma grande conquista. Desceu do ônibus agradecendo o senhor Paulo por aquele momento e saiu caminhando para sua banca.

Mais sozinho do que nunca

Sua família sempre esteve por perto. E naquele que seria um dia inesquecível por toda sua existência Patrick estava em sua banca com aquela expressão que já era muito menos sisuda, fazendo o seu trabalho mais consciente, consumindo menos, quando chega seu pai que habitualmente o visitava.

Em algum lugar do universo se concentram energias muito ruins, e neste dia elas resolveram habitar aquela banca. E pela segunda vez na sua trajetória de empresário teve seu negócio roubado. Desta vez ele estava lá, com a banca e caixa abertos, junto com seu pai que acabara de chegar.

Uma moto parou e para seu espanto parecia ser a sua moto, quando de repente desce um homem com passos firmes como elefante, sem tirar o capacete e vindo em sua direção. Ele enfiou as mãos na parte de trás esquerda das costas com sua mão direita e sacou uma pistola nove milímetros daquelas que eram usadas no exército. Patrick se lembrou de que aquela arma só era usada pelas forças armadas. O motociclista, de capacete, não conseguiu esconder seus olhos claros:

– É um assalto!Só quero o dinheiro e o cigarro!

Ele ficou exageradamente assustado, especialmente por suspeitar conhecer àquela voz, aquela arma, aquela moto e aqueles olhos. Então seu pai logo se aproximou dele e quando menos podia esperar foi atacado com uma forte coronhada no lado superior esquerdo da cabeça. Caiu com a cabeça sangrando.

Patrick ficou pasmado com aquela cena, não podia acreditar no que estava acontecendo. De repente, estava ali num dia como outro qualquer, começando uma conversa com seu pai que sempre o alegrava com suas visitas, e em poucos segundos estava com este mesmo pai aos seus pés sangrando, desacordado, e um homem ameaçador com olhos, voz e arma, que ele receava conhecer, lhe tomando todo o resto que ele havia mantido até então.

Apesar da perplexidade dos fatos Patrick conseguiu se conter. O instinto de vida é algo muito poderoso. A maior arma de sobrevivência que qualquer espécie pode contar. Nesta hora, ouviu só as vozes certas e fez tudo o que o bandido exigiu.

Não foi suficiente.

Depois de todo dinheiro ensacado, cigarros também, o bandido antes de sair da banca, se vira para Patrick e diz:

– Isto é para você aprender a se manter no seu lugar, seu meio olho! Vê se te enxerga! – Virou-se para o pai imóvel no chão e sem piedade disparou um tiro à queima-roupa.

Não me perguntem dos anjos! Tem coisas que nem eles sabem por que tem que ser. Neste caso eles nem sequer viram. Estavam ali, mas não puderam fazer nada. Como não podiam interferir fecharam os olhos na hora e não viram nada mais. Só ouviram.

Patrick ouviu àquele estampido oco com gosto de carvalho por pelo menos alguns segundos e enquanto isso um filme de terror passou em sua cabeça...

Toda luta de seu pai para criá-lo, sua juventude, sua amizade, sua paciência, ombro e colo sempre disponíveis. Não fazia o menor sentido! Caiu de joelhos e continuando o estrondo do tiro vomitou um grito desesperado com os olhos em fúria para os céus e seu pai em seus braços:

– Seu maldito! Deus de poucos! Por que isso agora? Já não bastam todos os infortúnios que tenho vivido?! Que plano maquiavélico é este que está reservando para mim seu sádico miserável!

Chorava muito, abraçava e beijava seu pai que quase já sem alma e desfalecido no chão murmurou com muita dificuldade, deixando a boca semiaberta para segurar seu espírito ali por mais alguns instantes:

– Filho, siga em frente. Nunca deixe que nada do que acontece aqui fora interfira nas escolhas e acordos que fizer internamente. Continue sua vida sempre buscando aquilo em que acredita.

Ele ouviu com muitos ruídos. Parece ter guardado alguma coisa relativa a "acordos". Suas vozes gritavam mais alto e todas juntas. As lágrimas se misturavam com muito suor e sangue e toda aquela lama tirava mais ainda o ar de Patrick, mas ele precisava soltar aqueles monstros. Continuou agora chutando tudo e destruindo seu negócio com socos e empurrões. Rasgava revistas rosnando:

– Que brincadeira é essa? Resolveu agora me implicar também! Acha que somos fantoches para satisfazer seus bizarros planos? Que merda de plano de vida é esse que prevê uma morte tão precoce, tão idiota assim? Não preciso de um Deus assim...

Patrick repetiu isso até perder a consciência, misturado só com a carne de seu pai, já que ele não estava mais lá dentro. Os anjos já tinham aberto os olhos. Viram tudo. Lamentaram a reação do jovem órfão, mas não podiam fazer nada naquela hora. Só lhes restou acenar a cabeça de um lado para o outro.

Agora sim, ele estava mais sozinho do que nunca. Sem seus planos de vida, sem seu tão amado pai e sem Deus. Nesta hora, fez o acordo! Seria só ele com ele mesmo!

Fundo do poço a 50 metros

Vou explicar por que ele quase chegou ao fundo do poço. Foi fundo, mas não ainda lá no fundo! Ninguém podia sequer imaginar uma tragédia como aquela. Era um pai de família exemplar. Carinhoso com esposa e filho, batalhador, apesar de poucas conquistas materiais, muitas glórias ele colheu. Com todas as boas lembranças, agora a família perdia aquele que era o seu principal esteio e sua principal renda.

Patrick não suportou e pela primeira vez chegou perto da base do poço. Sucumbiu às drogas. Começou tomando muito medicamento para depressão, misturados a doses cavalares de uísque. Ficava dias sem comer e dormir direito, como um zumbi. A mãe estava em ponto de enlouquecer! Viúva jovem, sem dinheiro e com o filho a vagar pela casa. Impassível e inerte a qualquer emoção.

A vida é recheada de sofrimentos desde seus primórdios. Já chegamos ao mundo tendo que suportar a dor do respirar que agora não é mais automático, e quando saímos para o mundo aqui fora, nos encontramos com a dor e sofrimento em cada esquina. Para sobrevivermos a este mundo é imprescindível que encontremos o sentido na dor.

Patrick estava mergulhado na dor, nos remédios e no uísque. Completamente apático. O que estranhamente fazia bem. A apatia acaba funcionando como forte aliado nestas horas. É um mecanismo de proteção da psique, uma vez que contribui para a redução da percepção da realidade. Definitivamente tudo que Patrick queria era se distanciar da realidade de sua vida.

Justo no exato momento em que tudo ia de mal a pior, ele resolve ser forte, diferente, e então toma um sopapo desses do universo!

Suas escolhas sempre foram carregadas de equívocos, por uma simples razão. Movia-se na quase totalidade das vezes só olhando os fins que nunca se encerravam por não passar de consequências, nunca buscava as causas. Muita dificuldade na definição de seus próprios valores. Permitindo que a mais forte maré o carregasse ao sabor dos ventos.

Sabemos que biblicamente a primeira escolha do homem foi poder escolher! Pronto. Ele tinha seu livre-arbítrio e estava sempre escolhendo inconscientemente ficar de mal com a vida por uma simples razão. Não raras vezes, fazia suas escolhas sob a perspectiva do ego agindo quase que instintivamente diante dos obstáculos que lhe eram gentilmente oferecidos pela vida.

Paradoxalmente sempre optando por sua autodestruição em busca de proteção foi aos poucos se animalizando. Afinal, as diferenças mais marcantes que mantemos dos outros animais é que temos o dom de sorrir e o fato de que buscamos sentido para nossa existência. Patrick não tinha mais a capacidade de sorrir e sua existência não fazia mais o menor sentido.

A escolha do aprendizado pelo amor ou dor, também é uma oferenda do mundo para qualquer reles mortal. Escolher nos mover pelos medos ou paixões também. Como o comando era do ego, ele se movia pelos seus medos, que é onde o vaidoso e incapaz ego se esconde.

Sempre em busca de dinheiro para um carro ou uma moto ou uma boa vida, ou sabe-se lá para quê, não tinha percebido ainda que o que buscava era ser feliz e quanto mais corria para encontrar a felicidade mais ela se escondia dele.

Muitos dias se passaram da morte do pai. Dias que em sete luas se transformavam em semanas que rapidamente completavam meses. Patrick, cigarro, remédios e uísque. Sempre os quatro pelos quatro cantos da casa, sem sol, sem esperança, quase no fim do poço e quando estava na última bateria de degraus descendo para se aninhar bem lá no fundo eis que surge uma razão para continuar.

As investigações do assassinato do pai avançaram e a esperança de encontrarem o frio matador começou a trazer um sopro de vida a Patrick. Já sabiam que não se tratava de latrocínio. O roubo do dinheiro e cigarros era só um bom álibi. Aquele homem estava ali naquele dia para dar fim à vida de seu pai. Agora nova inquietação. Por quê? Por que qualquer um poderia pensar em atentar contra a vida de um homem como aquele, que nunca fez mal algum a qualquer vivente?

Olhando no fundo dos olhos do mal - eles eram azuis

O depoimento de Patrick trazendo a suspeita de que conhecia a voz do autor do crime, além de ter reconhecido os olhos e a arma como sendo equipamento das forças armadas, foram quase suficientes para desatar todos os nós.

Depois de algumas semanas de intensos trabalhos a polícia trouxe de novo Patrick à delegacia para fazer um reconhecimento de voz. Procedimento da polícia utilizado quando não se podia fazer um retrato falado, que consistia em pedir que o suspeito repetisse as mesmas abordagens rememoradas pela vítima, para que este pudesse então identificar o meliante pela voz.

Os indícios eram já muito fortes, tratava-se de uma redundância da lei, para eliminar qualquer possibilidade de erro. Quando Patrick ouviu o bandido repetir aquela funesta frase seu coração enregelou:

– É um assalto, só quero o dinheiro e o cigarro!

Era a voz dele! Só podia ser dele. Como estava cego pela tragédia naquele dia não conseguiu raciocinar. Patrick queria matar aquele homem! Como poderia?! Como se já não bastasse toda humilhação que sofreu dele. Quando ouviu a agressão à sua deficiência suspeitou: *"Isto é para você aprender a se manter no seu lugar, seu meio olho! Vê se te enxerga"*!

Mas estava tudo tão descontrolado que não teve tempo para isso. Afinal, a mensagem que o bandido deixou no trágico dia era clara. Era um atentado contra Patrick e não contra o pai, que teve sua vida interrompida covardemente por aquele que tinha por ofício ensinar soldados a defender o país e as pessoas.

Sargento Porto assassinou o pai de Patrick! Vingou-se das humilhações que Patrick o fez passar. Cumpriu sua jura de vingança. Ele teria que pagar por isso. E ele pagaria! Atravessaria uma vida em cárcere.

Com a justiça feita Patrick decidiu que era hora de encerrar seu luto. Suspendeu os medicamentos por sua conta e risco e parou de beber. Um primo próximo da família, sabendo da incapacidade de Patrick e de sua mãe de tomar qualquer providência de ordem prática, se encarregou de vender o que restou de sua banca, que foi o suficiente para arcar com algumas despesas já acumuladas, além do funeral de seu pai. Estava quase pronto para um novo recomeço. Não sem antes ter com o mal! Ele precisava de algumas respostas.

No domingo de visitas, foi anunciado ao sargento Porto que tinha uma visita, ele quase não recebia ninguém. Era Patrick para seu completo espanto.

– Boa tarde...

Saiu abafado pelo canto esquerdo da boca de Patrick quase sem espaço para passar, e de tão curto quase não alcançou os ouvidos de sargento Porto. Sem entender aquela visita foi logo dizendo:

– O que veio fazer aqui, meio olho? Já não lhe basta o que aconteceu? Estou preso não estou? Pagando pelo meu crime. O que quer de mim?

– Quero olhar bem no fundo de seus olhos azuis e rasos e tentar compreender a razão de tanta desgraça e tanto ódio incondicional por mim.

Sargento Porto desde os primeiros contatos com Patrick já não gozava de completa saúde mental. Teve um passado muito atormentado. Filho de militar, herdou o ofício do pai sem muitas opções de escolha, já que ele, extremamente autoritário que era, decidiu pelo filho qual seria sua profissão. Era um pobre coitado, fraco e sem a mesma disposição de Patrick, que apesar de muita dificuldade e permanentes equívocos, estava sempre disposto a ir até o fim em suas escolhas. Não gostava do exército, mas não podia admitir isso. Afinal, "era a profissão que ele tinha escolhido". Foi muito surrado na infância, humilhado sempre que errava e não raras vezes seu pai o diminuía publicamente perante seus amigos. Ele odiava isso que seria a base de seu comportamento futuro.

O que se sucedera sem dúvida alguma foi fruto de um mistifório sem precedentes de uma insana trama criada na mente de sargento Porto. Diante do pedido de Patrick, ele não se fez de rogado, afinal estava ali preso, mas ainda tinha algo em suas mãos. Tinha a vida arrancada do pai de Patrick ainda respirando em seus dedos. Sufocando-a um pouco mais ele falou:

– Está pensando o quê, seu tenentinho de merda? Achou que eu ia simplesmente engolir a forma como me tratou depois que colocou aquelas estrelinhas no ombro? Você que sempre teve tudo em suas mãos. Você que sempre estudou em boas escolas e teve o carinho de sua família e apesar disso vivia reclamando da vida. Conseguiu ingressar no exército apesar de todas as investidas que dei para lhe eliminar, e ainda assim não estava contente. Com um salário bom daqueles, ainda aceita se colocar para fora, sem insistir. Que coragem é essa? Enfrentar esse mundo aí fora, assim como se fosse um desafio qualquer! Eu nunca tive a chance de escolher meus próprios desafios. De repente, meu pai que sempre me destratou, e escolheu por mim adoece e morre subitamente. O que eu iria fazer dali por diante? Estava sem chão, sem guia. Encontrei um bom motivo para que me mandassem embora do exército, então me lembrei de meu maior algoz que se apresentou a mim como vítima no primeiro contato. Era minha chance de vingar também as humilhações que me fez passar. Então decidi lhe colocar em seu lugar que é bem aqui no fundo do poço junto comigo. Mesmo com você tendo saído do exército nunca aceitei a ideia de que podia superar todo mal que lhe fiz. Eu não superei o que me fez! A distância sempre acompanhei sua trajetória. A venda de muambas, as roupas, a banca. Então resolvi testar seus limites. Sabendo de todo seu apreço por seu pai, e sabendo já o tamanho da dor da perda mesmo de um pai infeliz como o meu, imaginei o estrago que essa perda poderia lhe causar e então decidi liquidar o seu. Com isso, além de acabar com as nossas diferenças, ainda conseguia um motivo para não ter que escolher meus caminhos, já que não aprendi a fazer isso, e cometendo um crime como esse sabia que mais cedo ou mais tarde a justiça me encontraria e escolheria meu destino. Está vendo só, deu tudo certo para mim. Eu aqui preso e me sentindo livre! Uma liberdade que você aí fora não consegue sentir mais...

Encerrou sargento Porto com um olhar muito comum, para seu completo espanto. O mesmo olhar vazio da maioria das pessoas que haviam cruzado sua vida. Enquanto sargento Porto gritava pelo carcereiro anunciando que a visita havia se encerrado, Patrick teve uma importante revelação, que cuidaria de carregar por toda a sua existência dali para frente: descobriu a cara do mal. E quando a viu percebeu que não era diferente do bem. Pelo menos não por fora. Era preciso mais do que dois bons olhos (ou um e meio no seu caso), para poder discernir o bem do mal.

Começou a compreender que precisava ser mais profundo em suas relações se quisesse conhecer algumas verdades sobre a vida e o mundo que habitava, especialmente agora que estava mais sozinho do que nunca. Ainda não havia permitido muita aproximação de Deus de volta em sua vida. Declarou ódio eterno a este homem que deu fim à vida de seu pai!

De volta à vida – parte 1

A vida precisava continuar. Quisesse Patrick ou não, ela ia andando, ia seguindo. Vezes ele montava nela, outras ela o atropelava. Raras vezes andavam juntos, e em alguns momentos ela o esfolava vivo! Acho que ele fez uma boa escolha: continuar vivendo. Embora muito sozinho e egoísta como não raro de ser, viu que sua mãe estava mais sozinha ainda.

É incrível o poder que nos domina quando percebemos que existe alguém em condição pior que a nossa. Somos dotados de uma força avassaladora que nos devolve toda esperança esquecida. Agora, sem dinheiro, sem pai, sem moto e sem trabalho, por onde começar?

Que tal pelo começo?

Foi atrás. Com a morte do pai, e a falta da renda de Patrick as condições familiares pioraram muito, o que era positivo para a filantropia da sua faculdade. Neste cenário, não foi difícil conseguir a bolsa para retomar seus estudos.

De novo faculdade. De novo ônibus. E olha só quem estava lá no primeiro dia de aula de Patrick.

– Bom dia, jovem! – saúda senhor Paulo quando Patrick sobe no ônibus. Nosso protagonista ainda triste pela perda do pai estava mais atento. Já havia se questionado, mas não questionara ninguém. Então se sentando atrás do motorista pergunta, sem responder ao bom dia:

– Senhor Paulo, afinal que rota é a sua? Parece que todo ônibus que pego o senhor é o motorista! Que história é essa?

– Trabalho nesta empresa há muitos anos, filho. Conheço todas as rotas. Sempre que precisam de mim em qualquer uma estou pronto. Não sou de negar trabalho ou inventar obstáculos

que sei que não existem – desconversou já soltando uma pergunta:
– E sua banca? E por que está por estas bandas?

Patrick contou a história. Só até a parte que perde sua banca e seu pai naquela tragédia. A parte em que estava lá na escadaria do poço ele não contou. E terminou assim:

– Daí, resolvi começar tudo de novo. Consegui uma bolsa e voltei para a faculdade.

– Lamento muito por todos os infortúnios, Patrick. Meus pêsames pelo seu pai. Por outro lado, que felicidade! Tenho certeza de que seu pai está vibrando com sua guinada, Patrick. Sem dúvida é um sonho para qualquer pai poder ver seu filho se formando.

– Acho que minha mãe está muito feliz. Meu pai, como disse ao senhor, já se foi, portanto não está mais aqui para vibrar.

– Não está aqui, mas está em algum lugar olhando por você, filho.

– Senhor Paulo, ele está morto e o que morre acaba. Simples assim! O que temos desta vida é o que podemos ver. Vou me formar porque preciso de um trabalho mais seguro para ter minha renda e levar minha vida. Só isso.

Foi descendo do ônibus e agradecendo a viagem. Ele não tinha a mesma certeza de sempre na voz. É provável que neste momento já tivessem alguns persistentes anjos soprando coisas em seus ouvidos.

O motorista já conhecia a montanha-russa que era a vida daquele jovem. Não insistiu. Não ainda. Mas respondeu mais alto uma pergunta lá de trás, enquanto Patrick descia os degraus do ônibus:

– Patrick! Sobre minha rota. A minha rota é a sua rota!

Fechou a porta. O ônibus se afastou. Patrick também. Ficou encafifado com aquilo. Parecia mesmo sopro de anjo!

Não por muito tempo, como era habitual.

De volta à vida - parte II

Vigésimo quinto aniversário de Patrick. Ele acordou e apesar de tantas turbulências vibrava nesta data. Preparava-se para o novo ano de sua vida. Fazia questão de deixar bem marcado o exato momento da mudança, pensava no que tinha passado, e no que estaria por vir. Era um momento de solidão e reflexão. Era hora de ter com ele mesmo:

"Muito bem, e agora o que faremos? A vida já deu muitas voltas, e está mais do que na hora de darmos mais um passo. Já perdemos muito e retomamos outras coisas. Agora é voltar ao trabalho."

Logo veio àquela voz que geralmente se apresentava mais impaciente:

"E quando vai voltar? Vai voltar a fazer o quê?"

A outra interrompeu antes que Patrick pudesse pensar em responder:

"Que tal voltar ao trabalho, tentando algo que te satisfaça mais? Em outros termos, que tal pautar sua escolha em algo que gosta de fazer, em vez de buscar só o dinheiro que já aprendemos, vem e vai tão fácil."

Quando Patrick percebeu que o diálogo interno estava fluindo sem exigir muito sua participação ele deixou seguir. Logo a outra interveio:

"Muito bonito! Fazer o que gosta! Que balela é essa? Sua família precisa de dinheiro, Patrick, você precisa. Você sabe pelo menos do que gosta?"

Com essa pergunta o diálogo cessou. Essa incomodou Patrick e as vozes ficaram abafadas de novo. Uma tentando gritar, mas saía baixo, fininha. A outra torcendo para parar por ali.

"Do que gosto?"

Ele nunca havia pensado nisso. Sempre esteve na ponta da língua tudo de que não gostava, mas o que gostava ele não sabia. Esforçou-se muito para identificar. Não conseguiu, não ali naquela hora. Deu-se conta de que suas escolhas sempre foram norteadas pelo dinheiro tão somente. Pensou se podia ser de outro jeito. Arrumou-se e foi para aula. Já no ônibus foi logo saudado pelo senhor Paulo:

– Meu filho, acho que já deve ter percebido meu respeito e admiração por você! Fácil... No meu caso, como não respeitar alguém que se encontra num momento tão glorioso de evolução! E é exatamente assim que o vejo, meu amigo: um ser em pleno movimento de transformação! Se os anos simplesmente passam e esse movimento não acontece, Patrick, nós só ficamos com a pior parte do processo: o envelhecimento... Que, aliás, se potencializa na medida em que descuidamos da nossa evolução.

Aqui cabe uma ressalva. Senhor Paulo fala de envelhecimento, mas parecia ter, depois de quase dez anos, a mesma cara que tinha quando Patrick o conheceu. Como ele ainda não era muito atento aos detalhes demorou a perceber isso.

– Assim, amigo, só ganhamos dessa desleal batalha pela vida na medida em que evoluímos, crescemos de verdade! Daí sim, damos um verdadeiro baile na implacável morte, que poderá até corroer nossa carne quando não tivermos mais nada ali habitando, mas nunca vão tomar nossa alma! E a sua, Patrick, daqui a pouco não caberá mais em você... Muita luz nesta data é o que lhe desejo! Todo resto só depende disso e assim não lhe faltará mais nada!

Patrick ficou espantado, grato e muito feliz com aquelas palavras. Não se recordava exatamente quando havia dito a data de seu aniversário para o senhor Paulo, mas isso não importava, estava feliz com tanto carinho daquele quase desconhecido. Quis saber também a data de seu aniversário, só não sabia para quê. Sabia que o motorista gostava do que fazia, mesmo assim perguntou. Viu oportunidade de buscar um apoio:

– Senhor Paulo, muito obrigado pelo carinho e pela lembrança. Estou retomando minha vida. Retomei minha faculdade e agora vou voltar ao trabalho. Preciso de dinheiro para ajudar em casa. A propósito, o senhor gosta do que faz? E que dia é seu aniversário?

– Claro que sim, filho! Não fosse meu ofício, como tantos outros poderiam chegar aos seus? Meu trabalho tem um significado muito especial para mim. É a ponte que une cada cidadão de bem à sua vida. É a conexão da família e do trabalho. Gosto de ser responsável por esta conexão. Faço aniversário no dia vinte e cinco de dezembro.

– E se houvesse um trabalho que melhor o remunerasse, senhor Paulo, o senhor deixaria este? – A data ele tentou guardar em sua memória que, aliás, era extremamente seletiva.

– Sim. Se eu perceber sentido no novo ofício, sim. Não pela remuneração.

– Mas o salário é importante e presumo que o senhor não ganhe tão bem – insistiu Patrick entrando em um assunto que ele sabia ser delicado, mas precisava dessas impressões.

– Ganho o suficiente para cuidar de meus anseios. O mais importante é que gosto do que faço.

– O senhor acha mesmo que isso é importante? Gostar do que fazemos? No final das contas, todo mundo trabalha é porque precisa de dinheiro. Acredita mesmo que alguém escolheria trabalhar se não precisasse? Não me parece ser a melhor escolha caso tivéssemos a opção.

– Patrick, o trabalho dá sentido à vida. A vida sem um ofício perde sua razão de ser. Estamos aqui na terra para servir e ser servidos. Para trocar, para evoluir. Só assim conseguimos ser maiores. Alguns escolhem pelos medos. Medo de não ter dinheiro, de ficar desempregado ou de não ter salário. Outros escolhem pelas paixões. O que me faz feliz? O que me faz sentir útil? Daí, só então vem o dinheiro como consequência.

"É difícil descobrir isso!", pensou Patrick. E falou:

– O que gosto e pode dar dinheiro? Não seria mais fácil escolher algo que dá dinheiro e então ser feliz em outros aspectos da vida, por exemplo, com a namorada, família, no lazer?

– O ser é um ser inteiro. Ele não é segmentado. Se você não consegue ser feliz em um ofício que vai te tomar mais da metade de sua vida, como poderá ser feliz de outro jeito? Ademais, grandes perturbações, muitas vezes, surgem de escolhas mal feitas. E disso acho que você já entende – disse o motorista abaixando os olhos e franzindo a testa como quem questiona o outro continuando sua fala: – Muitas de nossas perturbações possuem origem nos momentos em que escolhemos sempre o que seria mais fácil sem muitas exigências, e assim, a gente segue escolhendo facilitar aqui, ali e acolá, sem fazer crescer o amor, a misericórdia, a paciência, a capacidade de perdoar e esperar; qualidades que são tão úteis e fundamentais para crescermos em qualquer atividade profissional ou na vida como um todo.

Patrick estava quase se convencendo disso e concordou:

– Me parece que o senhor tem razão. Mas sempre gostei de música e literatura. Vou ser músico ou escritor?! Nenhum dos dois – ele mesmo respondeu. – Não tenho nem idade nem tempo para me dedicar a isso já que sei o quanto o retorno em qualquer dessas atividades é demorado. Não tenho esse tempo como o senhor bem sabe. Preciso descobrir o que gosto de fazer e que dá dinheiro...

O motorista não se entregava enquanto percebia chances de avançar:

– É por isso que muita gente perde o sentido da vida! As escolhas fáceis destemperam a vida, retiram o sabor que ela tem, enfraquece o que precisa ser forte e vibrante em nós, acomoda o que precisa ser movido, fragilizando a alma e as forças do coração! Escolhas fáceis geram pessoas frágeis e, por isso, perturbadas! Tenha certeza de uma coisa: quando está perturbado é porque está lhe faltando o sentido da vida!

Patrick saltou do ônibus e foi mais animado para sua aula. Uma janela havia se aberto em sua cabeça e com isso o vento conseguiu entrar para arejar e espantar toda aquela poeira vermelha ainda guardada dos tempos de exército.

Em uma aula de conceitos da psicologia aplicada à administração naquele mesmo dia ele teve um importante *insight*. Era isso! Poderia viajar, que era coisa que adorava. Teria liberdade de ir e vir, perfeito. Já havia empreendido algumas atividades, o que lhe reservava certa vivência com isso e aquela profissão favorecia a nova empreitada. Suas experiências poderiam ajudar outras pessoas e ele gostava disso. Além de tudo isso, não demoraria muito a ganhar um bom dinheiro, caso se dedicasse com afinco. Quanto a isso ele não tinha qualquer dúvida. Pelo menos até o momento de sua decisão: seria um consultor empresarial!

"Imaginem só!", ele falava com ele mesmo em tom solene e aveludado. "Como nunca tinha pensado nisso! Gosto quando percebo que posso contribuir com a vida de alguém. Vou poder fazer muito isso na consultoria."

Já era possível perceber semelhança em suas intenções com as intenções do grande messias que gostava de espalhar o bem. Ele voltava a pensar nos mistérios da vida com maior frequência. Os anjos reuniam a banda para começar as cantorias.

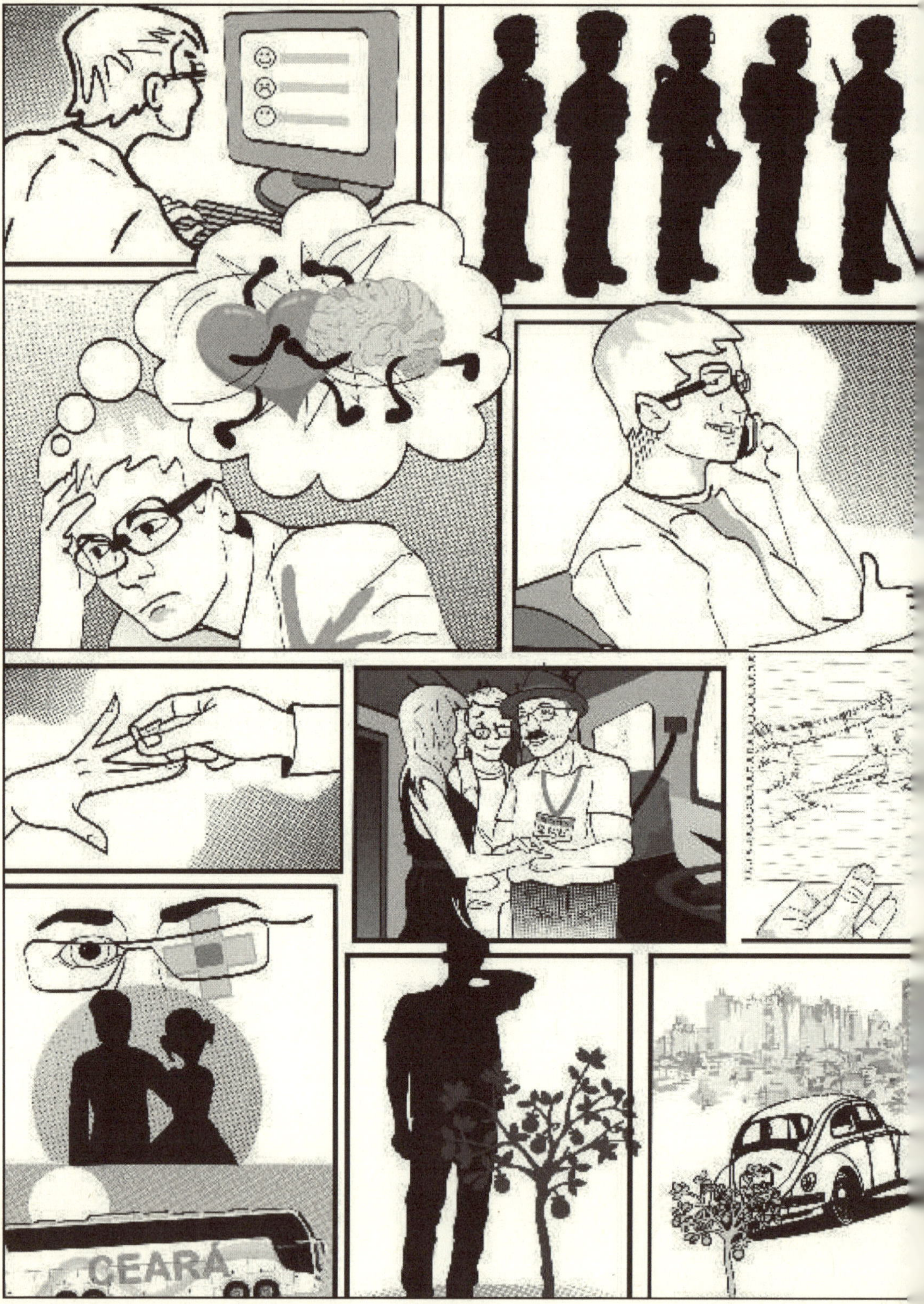
CEARÁ

Em busca de sentido

"Amor não é como nos sentimos a respeito dos outros, mas como nos comportamos com os outros."

James Hunter

Consultor dos sonhos

Sacou a sua metralhadora ponto quarenta e foi logo disparando e-mails a todos os contatos que nem ele imaginava ainda ter.

> *"Prezados Colegas,*
>
> *Estou de volta ao mercado. Desta vez, com uma proposta nova de realizar trabalhos de consultoria empresarial. Acumulei algumas experiências e gostaria de compartilhá-las com sua empresa. Disponibilizo-me a qualquer projeto na área de lideranças, comunicação e remuneração. Além de treinamentos, especialmente. Seguem meus contatos."*

Interessante são esses e-mails profissionais e conversas de entrevistas de emprego. Um espaço fabuloso onde cada um pode criar como um autor qualquer o que bem entender. Aquilo que melhor soar esteticamente aos seus ouvidos será a sua experiência. Essa era a de Patrick, segundo ele. Não posso me responsabilizar por isso!

O fato é que deu certo. Logo no segundo dia ele recebeu uma ligação. Estava tudo catalogado. Patrick era severamente organizado, e a cada contato respondido ele marcava sua agenda. E outro e mais tantos outros. Os anjos já eram bem-vindos e por isso convidavam os amigos. Já tinham muitos em volta de Patrick.

Ele parte então para a estrada para realizar esses contatos. Em pelo menos três ele pôde sentir muita segurança. Eram três empresas muito respeitadas, o que daria uma retaguarda importante para ele nessa fase inicial. E cada uma trazia uma preponderância, a saber: uma trouxe oportunidade com foco em treinamentos, outra com foco em projetos, e outra com foco em negócios.

A consultoria de treinamentos era "a prima pobre". Deram um foco muito grande na dificuldade financeira e demora das recompensas. Por outro lado ele poderia fazer algo que parecia gostar: compartilhar suas experiências de alguma maneira com os outros. E cá para nós, ele já tinha algumas histórias para contar.

Já na consultoria de projetos ficaram ambos empolgados. Ali só ouviu o que queria. Teria oportunidade de atuar em várias áreas, criar, desenvolver suas ideias em vários segmentos. Sobre remuneração nem se falaram.

Com a consultoria de negócios dinheiro era o mote. Abrir mercados. Novos treinamentos, novos projetos, novos negócios era igual a dinheiro de verdade, mas para isso tinha que vender. Ligar muito, o dia todo, marcar alguns poucos contatos e fechar com um ou nenhum. E depois fazer isso de novo milhares de vezes.

Ele achava que já havia descoberto do que gostava. Talvez. Uma coisa é certa como mãe, ele sabia que devia buscar algo que trouxesse algum sentido e parece que esse negócio de consultoria tinha sentido para ele. Mas dinheiro era importante. A solução foi tão simples como cômoda.

Ele estudava. Não podia ter horário fixo o dia todo, todos os dias. Gostava de treinamentos, de projetos, de ajudar as pessoas, sabia que era mau vendedor, e sabia que tinha que faturar. Parecia ser uma boa troca. Ele equilibraria entre o que gosta, o que precisa e o que o atenda. Montou uma banca de negócios onde prestava serviços como pessoa jurídica, nesses três segmentos. Começou a fazer a venda técnica de projetos e treinamentos. Outra hora realizava os treinamentos.

Incrível como até sua ptose palpebral foi favorável nessa boa fase da vida. A deficiência reforçava o quanto os limites são criados por cada um e não colocados por alguém em nossa vida, isso ilustrava bem seus treinamentos. E quando acertava a mão, pegava um bom projeto e passava algum tempo em alguma empresa implantando o trabalho. Era um consultor de sonhos.

Começou a ver os primeiros frutos crescerem com muito pouco tempo do plantio e o mais gratificante: ver o rosto das pessoas que treinava, seus olhos brilhando, suas vidas melhorando. Projetos acontecendo e contribuindo para que empresas crescessem.

Patrick já estava com vinte e seis anos e ainda faltava um ano para se formar. Podia estudar e trabalhar, fazendo algo que de certo modo o satisfazia, mas o dinheiro vinha em passos lentos e mansos. Surgiu uma oportunidade de abrir filiais dessas bancas de negócios com as demais unidades dessas consultorias em outros estados. Ele agora teria quase tudo, inclusive o dinheiro. Não teria ainda seu diploma.

Ter um filho, plantar uma árvore e escrever um livro!

A escolha, dessa vez significava ter que parar de estudar, já que passaria a viajar muito e, portanto, não teria residência fixa por algum tempo. Patrick já havia aprendido que toda escolha nos remete a uma renúncia. Nesse caso, não considerava uma perda. Era só mais uma parte do processo de decisões. Ele aguardaria por mais um tempo e assim que se estabelecesse voltaria a estudar para alegria de sua mãe que não estava gostando nada daquela ideia:

– Meu filho, vai voltar a se aventurar por aí? Logo agora que tudo se estabilizou. Parece que tem comichão! Quando tudo está em perfeito controle, você vem e arranja um jeito de mexer em tudo de novo!

– Mãe, precisamos de uma condição melhor! – Com um escudo transparente se defendeu dela sem muito acreditar no que falava. – Está tudo sob controle, mas não avançamos ainda. Logo pretendo me casar. Vamos precisar de uma condição financeira melhor.

– Já vem você de novo, meu filho. Que história é essa de casar? Você nem namorada tem, onde já se viu!

Patrick já colecionava alguns calos. A par de todas as adversidades que sempre insistiram em acompanhá-lo onde quer que estivesse, ele viveu importantes experiências como militar, como autônomo, como jornaleiro, teve que superar a perda do pai, se encontrou, namorou e encerrou sua relação com os remédios e a bebida. Claro que em seu caso o universo precisou repetir muito mais vezes qual era o mote, até ele começar a desviar o olhar do passado que nunca o abandonava. Já era grande. Falava bonito:

– Mãe, em minha curta trajetória de vida, já conheci quase o fundo do poço e hoje considero que estou bem. O combustível que aceitei para equipar as minhas pernas e ombros dando a eles forças para seguir em frente, foi a ideia de que precisava dar um sentido maior às minhas buscas. Descobrir o significado de minha existência. Acho que descobri. Acho. Porque descobri também que esta descoberta sempre será a maior de todas as descobertas que alguém pode ter na vida, então muitas vezes achamos que descobrimos, mas quando chegamos lá vemos que não era exatamente isso.

– Do que está falando, meu filho?

Era uma mãe de pouca vida pelo mundo afora. Sempre viveu na simplicidade. Nunca lutou para ser diferente do que sempre foi. Sua batalha interior era uma guerra fria, cheia de bonecos de neve. Era branda, leve. Patrick respondeu rápido:

– Estou falando de ter um "porque ganhar dinheiro", além de "porque precisamos nos sustentar". Descobri que me faz bem fazer o bem aos outros, servir, ensinar. Descobri que precisamos aprender os tempos do mundo e que para ter sucesso temos que ir fundo nas questões e só vamos fundo quando amamos!

Sua mãe ainda estava aflita quando ele a surpreendeu concluindo sua fala:

– Quero ter um filho, plantar uma árvore e escrever um livro!

– Menino, agora você endoidou de vez! – Ela estava cor de leite. – Só pode ser sequela daquele tanto de remédio que você tomou com álcool. Que história é essa agora?

– Mãe, cada uma dessas ações reúne um significado muito amplo e profundo. Uma pena eu ter vivido tanto tempo na superfície e ter precisado levar essa chacoalhada da vida perdendo tantas coisas que me eram tão caras até aprender um pouco. Ter um filho vai ajudar a aliviar a dor da perda de meu pai. Sei que esta ferida não vai fechar nunca, mas posso pelo menos espantar as moscas que sempre insistem em voltar. Lembro-me que comigo meu pai sempre exercitava sua paciência, sua resiliência. Era uma troca muito rica, e um respeito invejável para qualquer filho de minha idade. Exercitar o amor incondicional que existia entre nós, agora com um filho será maravilhoso.

Pausa. Talvez, ele ainda não tivesse chegado a esse ponto em seu processo evolutivo, mas devo concordar que eram bonitas e profundas as suas palavras. Definitivamente não era o mesmo Patrick de alguns poucos anos atrás. Mas enfim, não estou aqui para julgá-lo e sim para contar sua história. Então continuemos.

– Plantar uma árvore tem uma acepção bem complexa. Sei desse meu sangue de cigano. Gosto de viajar, estar em muitos lugares e sei que raízes fortes são tão importantes quanto novos ares. Além do que, pode me ensinar a contemplação, o respeito ao tempo do outro, e junto com meu filho me contar um pouco sobre a importância de reconhecermos que sempre dependemos de algo e alguém.

Quando os anjos ouviram isso foram correndo ao céu contar para o Pai. Claro, quando eles chegaram lá ele já sabia. Patrick radiante como em raros momentos de sua existência completa:

– E, por fim, vou escrever um livro. Sempre fui apaixonado pela literatura, li muitos livros a vida inteira e sempre me vi escrevendo cada um deles. Além do que, vai me ajudar a desenvolver melhores noções de planejamento, e vai me ajudar a me dedicar aos detalhes e me aprofundar nas questões – encerrou ele como se discursasse em uma palestra para uma grande multidão.

– Tudo isso é muito bonito, filho. Devo admitir que estou muito feliz em vê-lo falando assim. Mas continuo sem entender o que significa tudo isso e qual a relação desses propósitos com você sair de sua cidade novamente e abandonar seus estudos de novo? Além disso, tudo me parece ser tão instável. Qual será seu salário?

– Mãe, com a consultoria encontrei possibilidades de garantir uma renda e ainda me aproximar de meus propósitos. Aprendi que dinheiro não é o mote, mas também sei que sem ele não vamos muito longe. Quero ter uma vida com mais sentido, mas precisamos de dinheiro. Para chegar onde pretendo terei que ainda trilhar um caminho. Vou abrir essas filiais, capitalizar e então buscar meus grandes propósitos de vida.

Nada do que a mãe dissesse iria convencê-lo. Ele estava determinado como em raros momentos. Estava firme em seus propósitos. Agora sabendo um pouco mais. Em poucos dias ele embarcaria para o seu primeiro destino.

O primeiro encontro a gente nunca esquece

A sensação de leveza nunca havia sido tão intensa. A impressão era daquela grande turma que cresceu junta, foi se separando e em determinado momento, depois de muitos anos, e de uma vida muito diferente todos se encontram. Quase tudo estava reunido, quase tudo para agradar Patrick. Como o universo começou a dar sinais muito claros de que a conspiração agora era ao seu favor, ele escolheu acreditar nisso. Valeu a pena.

Acreditando mais nisso ele ficou mais suscetível às "vozes". Intensificou sobremaneira o contato consigo mesmo. Um de seus maiores momentos de autoconhecimento. Tinha trabalho de novo, tinha boas expectativas financeiras, carro, e sua mãe o apoiando apesar das diferenças.

Não tinha mais seu pai, mas tinha um bando de anjos o rodeando há muito tempo só esperando a hora certa de anunciar a volta do Pai maior em sua vida. Já estavam cuidando dele. Além de tudo isso, tinha um plano! Tinha um propósito.

A capital do Brasil é um lugar frio. Durante o dia um calor insuportável, à noite frio. Lá é um deserto! Tão deserto que tiveram que produzir um oásis artificial por lá. Patrick tinha tudo já citado, mas agora não tinha amigos, nem família por perto. Tinha ele mesmo e mais seis colegas do trabalho que não conhecia ainda muito bem morando no mesmo apartamento. Estava num deserto, só com ele.

Trabalhava muito o dia inteiro, já que não estudava mais. À noite ficava sozinho no escuro silêncio do quarto:

"Está vendo só, Patrick?" indagou uma voz dando sequência, "Você só muda sua vida mudando o significado que atribui às situações de sua vida. Poderia ter ficado naquele mar de lamas lamentando suas desgraças, mas está aqui!"

Ficou feliz com o que ouviu. E não parou:

"Seu pensamento tem mudado e isso está nos preparando para cada maravilhosa surpresa que o mundo em sua efêmera sutileza guarda para nós."

Logo a outra voz interrompe como era habitual:

"Está longe de casa e de todos. Ainda nem começou a ganhar esse dinheiro todo. Será que está valendo a pena?", esta era mais urgente, sempre imediata!

A primeira assumiu:

"Está fazendo algo que o conduzirá aos seus propósitos maiores. Não há nada maior que isso. Além do mais, agindo assim, já está ajudando muita gente! Sem falar de você que acaba sendo o maior beneficiado."

Quando esse diálogo ia se fortalecendo Patrick sempre se calava e só ouvia. Em algum momento ele iria interferir. A segunda voz veio imperativa, como gostava de se apresentar:

"Quem mais do que você precisa ser ajudado, Patrick? Esqueça esse papo de significado, sentido, contribuir com o outro... Contribua com você! Já andou de avião? Quando ouve a explicação sobre a ação em caso de despressurização da cabine qual é a orientação? Primeiro vista a sua máscara, depois a das crianças. Como ajudar alguém sem antes se ajudar? Primeiro você precisa se curar por completo, para então poder promover a cura!"

Parecia fazer sentido, ele ficou intrigado. A segunda voz assanhada e a primeira serena contribuiu mais um pouco:

"O homem não tem o poder da cura. Tem o poder da sensibilização e do amor. O próprio corpo se cura. A mente se cura. O outro sempre contribui só sensibilizando."

Nesta hora ele se manifestou:

"Tudo bem! Vocês dois estão aí discutindo como se eu não estivesse aqui e afinal estão falando de mim. Apesar de se colocarem como antagonistas vejo sentido em quase tudo que ambos falam. O que é isso afinal?"

A consciência macia como deveria ser abre o jogo:

"Patrick, primeiro você precisa buscar informação e conhecimento sobre você mesmo. Do contrário, será sempre um ignorante sobre suas emoções. Você vê sentido em tudo que falamos, porque na realidade quem está falando tudo isso é você. Ora estimulado por mim que sou sua consciência, ora estimulado pela outra voz que é a manifestação de seu ego, que é sempre imediatista, urgente, autoritário e vaidoso. Você é tudo isso e só se conhecendo melhor terá condições de verdadeiramente evoluir. Precisa usar suas emoções para pensar e não pensar com suas emoções."

"Você precisa ser mais objetivo!", falou áspero o ego, que sempre pulava na frente brincando de fazer sombra sempre que a luz da consciência brilhava mais forte.

Patrick o empurrou para o lado:

"Acho que compreendo!", referiu-se à consciência. "Estou num momento de luz, apesar de ainda ter dificuldade para assimilar algumas exigências do mundo. Estou no caminho certo?"

Foi boa a tentativa de Patrick. Como sempre, e como a maioria das pessoas, ele adorava os caminhos mais curtos. Com a consciência não seria assim tão fácil, afinal ela geralmente não entregava respostas em um embrulho para presente:

"Aprenda a jogar o jogo da vida de forma mais suave e divertida... Esse jogo pode ser fantástico se você encará-lo com mais leveza. Você nunca vai ganhar o jogo. Às vezes vai perder, pode empatar, mas sempre vai aprender. O ser humano é o único ser vivo que primeiro precisa existir para depois descobrir sua essência. Os demais animais e as plantas já nascem com sua essência definida. Portanto, não se animalize. Já está se permitindo a uma existência com maior significado, o que é ótimo. Mais à frente poderá se encontrar com sua essência, então será imbatível!

Patrick não obteve sua resposta, mas gostou dessa. Ficou cheio de dúvidas e uma fumacinha podia ser vista saindo de sua cabeça pelo feixe de luz que acendia aquele canto escuro do quarto. Além de sentido para sua existência existia essa coisa da essência:

"O que seria esse negócio de essência, então?"

"Patrick, as flores não questionam por que são flores, ou por que devem esperar tanto tempo para desabrochar, e ainda por que ficam tão pouco tempo vistosas com suas pétalas colorindo o mundo, e logo se despedaçam. Simplesmente são flores. As melhores flores que puderem ser. Desabrocharão no tempo certo, não importa o quanto esperem. Sentirão o sabor de cada segundo enquanto estiverem arregaladas para o universo e não vão chorar quando as pétalas começarem a cair, pois sabem que faz parte do seu ciclo. É a sua essência. Já ouviu falar de algum leão sofrendo por sua condição de predador? Imagine só um leão amargurado porque precisa matar outro animal para sobreviver! Ele simplesmente segue seu destino, seu instinto. Você é mais que isso, Patrick. Com o ser humano é diferente. O que quero dizer é que sua essência não veio de fábrica. Precisa encontrá-la e só buscando significado verdadeiro para sua missão de vida será possível esse encontro que geralmente tem a iniciativa dela. Os homens têm capacidades superiores, cada qual tem uma missão muito específica. Animais e plantas são plurais. Homens são singulares."

Patrick estava exausto. Havia feito muitas visitas. Adormeceu no meio da conversa.

No outro dia, acordou antes do sol e foi para a janela esperá-lo. Confuso, sem saber se toda aquela conversa havia acontecido quando ainda estava acordado ou se foi sonho. Quando o sol chegou Patrick deu-lhe um forte abraço e saíram juntos.

Mais um dia, mais alguns importantes passos para encontrar essa tal essência.

Com a cabeça boa o coração não quis mais esperar

De Brasília foi para o Mato Grosso, Rio de Janeiro, Porto Alegre, e quando chegou ao Ceará jogou sua âncora. Certamente o momento de mais luz na vida de Patrick. Mas tinha uma voz que não gostava de claridade. Então, com as coisas indo bem ela logo chegava:

"Cuidado rapaz! Hoje está tudo bem, amanhã pode estar tudo mal."

Ao que a perspicaz consciência interfere:

"Patrick, o universo não ignora os esforços de quem o constrói. Você não pode dar menos se tem mais, nem tampouco esperar da vida mais se deu menos. Ação e reação. Você só pode dar o que tem e você tem dado o melhor de si. O que deu será assoberbadamente beneficiado pelo mundo que te devolverá em grandes proporções de uma forma particularmente voluntária. O que é assombrosamente fantástico é sua ajustada medida... Como é justo e perfeito o mundo e as leis do universo! Ele não erra... Se entregar ouro, ele te devolverá diamantes, mas se der lata, certamente ele responderá com ferro e fogo!"

Patrick compreendeu bem isso e gostou. "De fato tenho me dedicado bastante."

Geralmente, quando tudo vai bem sentimos medo. Medo de perder tudo o que conquistamos com muito suor e ilusoriamente acreditamos ser nosso. Nada nos pertence a não ser nosso presente. E ele só será perdido se escolhermos isso. Parece que Patrick estava aprendendo a escolher.

Esses diálogos não agendavam horário. Aconteciam a qualquer momento e em qualquer lugar, com incidência maior em situações onde estava só, ou quando se encontrava em situação de risco, conflito ou pressão.

Na equipe dessa banca de negócios, na nova morada, trabalhava Karen que ele conheceu só após uma semana de seu ingresso na empresa. Patrick estava em Alagoas apoiando os negócios de lá quando ela foi admitida na equipe. Quando foram buscar Patrick no aeroporto ela foi anunciada por seu companheiro de negócios de lá:

– Patrick, você vai ficar com o queixo caído, cara! Vai arregalar esse olho! – Aos grandes amigos era reservado o direito de brincar com sua deficiência para não ficar aquele clima de compadecimento. – A menina é um avião. Pequenininha do jeito que você gosta.

Ele só uivou:

– Auuuhhhh!

E caíram os dois bem em cima da gargalhada.

– Quero conhecer – concluiu Patrick quando da gargalhada conseguiu se recompor. *"Quero conhecer"* era igual a *"vou namorar"* quando dito naquele tom.

Patrick estava irreconhecivelmente seguro! Certo de suas intenções. À coragem passou a ser sua fiel escudeira!

Apesar de ter subido as escadas daquele poço, ainda estava no início de seu processo evolutivo. Ainda era muito ligado à forma. Pude perceber isso quando ouvi esse uivo. Claro que já estava juntando esses elementos há algumas páginas, mas agora concluí. Sua preocupação em ter um bom carro, viagens, um bom salário, namoradas bonitas... Nos dá claros sinais de sua ligação às formas. Mas e daí, quem não está ligado nisso, não é mesmo? Ademais, como já disse estou contando a história e não julgando Patrick.

Definitivamente, ele estava mais seguro, mas quando viu Karen, parece ter esquecido suas lições e o ar lhe faltou. Muito preso ainda às formas, Patrick se comportava mais ou menos como os grandes predadores. Apesar de algumas incursões sem sucesso o ego estava dominando. Só matava para se alimentar e sempre que percebia uma vítima abria suas asas e soltava seu canto se mostrando maior para impor o respeito. Neste caso foi diferente. Quando percebeu a beleza de Karen e a cor diferente de seus olhos ele diminuiu. Ainda mais quando se lembrou dos seus.

Chegou manso como passarinho, e Karen gostou disso. Karen era meio branca, meio bege, com gosto de biscoito de maisena. A franja emoldurava um rosto pequeno e pintado, e seus dentes brancos e mínimos conferiam-lhe um aspecto bem juvenil. Os olhos eram duas pedras de criptonita que paradoxalmente davam força e faziam de Patrick um verdadeiro super-homem.

Em poucos dias estariam juntos e parecia que Patrick sabia disso. Ele sabia mais. Pelo menos queria mais. Então foi ter com sua mãe pelo telefone:

– Mãe, vou me casar!

A mãe na cozinha esquentando o leite ouvindo isso não disse nada.

Desligou o telefone.

Bênçãos do noivado

Antes que o leite fervesse, ela agora na sala, já havia retornado a ligação:

– Seu moleque irresponsável, volte já para casa! Onde já se viu uma coisa dessas! De onde tirou isso agora?! Ainda nem se recompôs de vez e já quer arrumar sarna para coçar?!

Patrick já se divertia com essas reações. Sabia um pouco mais. Ele então a conforta:

– Mãe, a Karen é uma pessoa maravilhosa. De família muito tradicional aqui do Ceará. Vou precisar me mudar de novo. Agora para o Acre. Recebi uma proposta de uma banca de negócios concorrente e de grande expressão. Nunca estive tão longe, e com a Karen vamos construir uma vida juntos, em qualquer lugar. Sua família não aceitaria nunca que ela me acompanhasse sem o sacramento do matrimônio. Além do mais, já estou com quase trinta anos, minha mãe. Já é hora.

O argumento do tempo foi bom para a mãe, que já se preocupava com essa questão. O leite ferveu e enquanto ela corria para a cozinha com o telefone no ouvido, mais uma vez se deu conta da questão do tempo e então ordenou:

– Patrick, traga essa moça para eu conhecer logo. Claro que não terá minha bênção pelo telefone. Fique com Deus e o anjo da guarda.

Esse já o rondava com maior frequência e era bem-vindo.Ela desligou a chama do fogão. O leite derramou. Ninguém chorou. Não adiantava mais chorar.

Os anjos já o aceiravam há tempo como já sabemos. Deus estava quase lá. Para Patrick pareceu bem razoável. Ele pretendia resolver algumas questões em sua cidade antes do casamento.

Afinal, pelo menos quatro questões de grande peso alterariam novamente o curso de sua trajetória: Ele mudaria seu trabalho; mudaria de cidade e se casaria.

Com tudo isso em curso tomou uma decisão que ocuparia uma posição de relevância em meio às quatro questões de grande peso que alterariam sua história: faria a tão temida cirurgia estética para içar seu olho caído. Não queria entrar na igreja com aquela expressão.

***

Era quase Natal. Patrick decidiu então realizar as formalidades de praxe com a família de Karen na cerimônia de Natal, o que contribuiu para que todo o peru, pernil e demais comilanças sobrassem quase inteiros na ceia. O pai era extremamente protetor, só tinha Karen de filha. Era a única mulher de cinco irmãos. Com a notícia, os cinco perderam a fome (o pai e os irmãos).

As passagens aéreas no dia vinte e cinco de dezembro sempre foram mais em conta, por ser um dia de baixa demanda de trânsito, já que as pessoas ainda estão comemorando o Natal, nesse que de fato é o dia ou de ressaca da noite de ceia anterior. Mais em conta ainda eram as passagens do Ceará até Brasília que era um voo direto. Assim, Patrick precavendo-se de todas as despesas que teria constituindo a nova estrutura familiar, comprou passagens aéreas até Brasília e de lá até sua cidade seguiriam de ônibus por mais cinco horas.

Acordaram cedo foram para o aeroporto e antes do almoço já estavam na rodoviária de Brasília. Fizeram seu almoço de Natal só os noivos em um restaurante barato de lá.

Ao entrar no ônibus, Patrick ficou estupefato com o que viu: ocupando a cadeira do motorista ninguém menos que senhor Paulo.

Neste dia, depois de tantos anos e tantas coincidências desse tipo e ainda o fato de Patrick estar mais atento à vida, ele iria começar esclarecer melhor esse mistério.

Com Deus de novo - quase no paraíso

– Senhor Paulo! Mal posso acreditar no que estou vendo! Além das bênçãos dos pais de Karen e de minha mãe teremos a do senhor?! Que sorte a minha!

Não conteve um forte abraço naquele bondoso homem que tão entusiasmado quanto Patrick sem soltar os seus ombros enquanto olhava para ele falava:

– Filho, que maravilhosa surpresa vê-lo por aqui! Há quanto tempo não nos víamos. Parece-me que está bem. Fico feliz com isso. E que história é essa de bênçãos? Presumo que deva ter algo a ver com esta bela moça! Quem é ela?

Soltou de seu ombro e delicadamente pegou em uma das mãos de Karen com as suas duas, uma por cima e outra por baixo, como se acolhesse a noiva olhando fundo em seus olhos verdes. Ela, ainda que não compreendesse bem aquela intimidade foi gentil como era comum ser. Patrick admirando aquela cena responde:

– Senhor Paulo, esta é Karen, minha noiva.

O ônibus já estava de partida e sentaram-se próximo ao motorista. Patrick contou sua história. Seu Paulo estava alegre com o encontro:

– Filho, como fico feliz com toda essa evolução!

E muito conversaram durante muitos minutos. Quando, de repente, senhor Paulo faz uma pergunta inusitada:

– Patrick, e nessas andanças todas encontrou o que estava procurando?

Patrick ficou confuso. Não sabia por onde começar, nem como responder. Do que ele estaria falando? Do trabalho, sua noiva, dinheiro, felicidade, Deus?! Ficou preso nesse emaranhado e um arame passando perto de sua garganta o fez de mudo. Aproveitando a dúvida e o silêncio a voz mais urgente foi logo abrindo as cortinas e falando:

"Você procurou por tudo isso e achou quase tudo, Patrick!"

Parecia querer convencê-lo para que não refletisse sobre mais nada. O motorista olhando para trás rapidamente:

– Patrick?!

Chamou sua atenção imaginando que ele não tivesse ouvido sua pergunta. Quando a outra voz entra baixa e afetuosa como gostava de ser:

"Ainda faltam algumas coisas importantes. Você sabe disso. Enquanto se esconder disso será infeliz. Sabemos que os mistérios atormentam, e são complexos, mas precisamos deles. Não precisamos desvendá-los e é aí que reside o grande mal da humanidade: querer revelar todos os mantos que cobrem o universo."

– Me ouviu, Patrick? – insistiu o motorista.

– Sim, senhor Paulo. Ouvi, sim – resolveu responder do seu jeito. Após avaliar um pouco de cada coisa que ouviu completou: – Ouvi e acho que não encontrei tudo ainda. Receio-me muito ainda com as coisas de Deus. A perda de meu pai ainda arde em todas as minhas células e não sei se um dia vou compreender a razão disso.

– Esses mistérios não são para ser compreendidos. O tempo passa, e enquanto passa, arrasta vários acontecimentos. Muito poucos são vistos a olhos nus. E então a humanidade escolhe focar nesses como se o mundo fosse só isso e simplesmente desconsideram os outros. Tudo isso para aliviar a dor da dúvida de viver. Optar pelo ateísmo só dificulta as coisas. Imagine só ter que explicar cada fenômeno da natureza! Por isso os pesquisadores são incansáveis e nunca descobrem tudo e nem tampouco vão descobrir um dia. Já a crença em Deus exige muita sensibilidade. Exige uma perspectiva, muito distante do tempo e do espaço, da forma.

Patrick já conseguia ouvir. Mas vez ou outra, as vozes queriam soar mais alto. Em meio à fala do motorista, juntando essa coisa de forma, tempo e espaço, ele se vira para sua noiva e num repente a questiona olhando para ela e para o motorista:

– Que dia é hoje?

Ao que ela prontamente responde:

– Ora, Patrick, hoje é vinte e cinco de dezembro. Dia oficial do nosso noivado!

– Como pude me esquecer! Dia vinte e cinco de dezembro é dia do aniversário do senhor Paulo. Isso estava guardado aqui em algum lugar! E agora o que vou fazer por este bom homem que está trabalhando neste dia que além de feriado de Natal é seu aniversário? – Patrick ficou aflito.

– Calma, meu amor. Claro que ele vai compreender. Afinal, como saberíamos que ele estaria neste ônibus. E há quanto tempo não o via?!

Ele não ouviu estas palavras de conforto. Não queria se confortar. Não naquela hora. Precisava descobrir um jeito de homenageá-lo. Como ele merecia! Então, se lembrou de seu último encontro com senhor Paulo, uns cinco anos atrás, que por acaso foi também no dia de seu aniversário e seu Paulo falou palavras tão bonitas. Era isso! Ia fazer uma homenagem para senhor Paulo do seu jeito.

Pegou um caderno e uma caneta e começou a desenhar uma ponte grande, vistosa e forte. Esta ponte como qualquer outra unia duas extremidades. De um lado ele tinha um coração e de outro tinha um cérebro. Patrick aprendeu que fazer o bem ao próximo é o maior bem que podemos fazer por nós mesmos e por isso pôde presumir que tudo que o senhor Paulo fez por ele deveria ser razão de orgulho para aquele velho motorista. Simplesmente entregou o desenho dobrado como um envelope para o senhor Paulo saudando-o:

– Feliz aniversário, senhor Paulo!

Ele abraçou o seu braço que estava segurando o volante do ônibus. Seu Paulo, sensível que era, como uma boa flor, se emocionou e pediu que ele abrisse. Quando viu o desenho quis saber seu significado. Patrick então fez sua homenagem:

– Senhor Paulo, na última vez que nos encontramos, perguntei ao senhor se gostava do que fazia lembra-se? – O movimento de cabeça ligeiramente se voltando para trás, e ao mesmo tempo abaixando e levantando era um sim. Patrick continuou: – O senhor falou de conexão. Falou da ponte que une cada cidadão de bem à sua vida. Disse que gostava de ser responsável por esta conexão.

Uma lágrima mais imperativa, quase conseguiu saltar dos olhos de senhor Paulo quando este percebeu que esta simples mensagem havia feito a diferença para alguém, e reforçou a sua crença de que simples gestos fazem grandes diferenças.

– Agora, senhor Paulo, estou devolvendo ao senhor todo o bem que me fez. O senhor, com muita insistência e paciência, ao longo desses quase quinze anos – estranhou quando se deu conta que haviam se passado quinze anos e aquele velho era o mesmo jovem velho de sempre –, me ensinou a conectar o coração ao cérebro. Aprendi que a razão sozinha não é suficiente para nos dar todas as respostas que buscamos e que a emoção nos revela que nem tudo tem respostas. Aprendi que apesar de estar separados fisicamente um não pode viver sem o outro e por isso resolvi os unir simbolicamente com a sua conexão. Estou, portanto presenteando o senhor no dia de seu aniversário com o troféu conexão do cérebro ao coração!

Aquela lágrima escorreu. Senhor Paulo tentou, mas ela já estava ali do lado, só esperando o *grand finale* de Patrick para escorregar por sua face nem tão enrugada.

O ônibus chegou à rodoviária de destino naquela hora quando Patrick, ao abraçar o senhor Paulo na despedida, o questiona:

– A propósito, senhor Paulo, quantos anos está fazendo?

– Alguns! Alguns! Quando o verei de novo? – com maestria desviou a fala.

– Não sei, senhor Paulo. Estou indo para o Acre. Não sei quanto tempo ficarei por lá. Mas veja, acho que depois de tantos anos somos amigos já, não?! Que tal trocarmos nossos telefones e e-mails, assim não precisamos nos falar só quando nos encontrarmos por acaso pelos ônibus da vida!

Deram juntos uma boa risada e se abraçaram de novo. Enquanto se abraçavam Patrick novamente juntou os pedaços pensando: "Não fala sua idade, tem a mesma cara de sempre apesar dos anos que se passam, sempre está em todos os lugares, tanta contribuição incondicional em minha vida, faz aniversário hoje...". Deu um beijo no rosto de senhor Paulo e foi falando:

– Novamente feliz aniversário! Vamos nos ver sempre, senhor Paulo. Cada dia com mais frequência. Já tenho seu telefone e e-mail, o senhor tem os meus. Além disso, acho que já sei como encontrá-lo e já sei que é bom ter o senhor por perto.

O universo, assim como os ônibus de senhor Paulo, não parava de dar voltas. Numa dessas logo ali na frente, eles iriam se perder de novo. Dessa vez, por muito tempo!

Patrick tomou um táxi com Karen e foi receber a bênção de sua mãe.

Tudo que o mundo poderia oferecer – o paraíso enfim

Foi abençoado por sua mãe e agora estava numa sala de cirurgia. Nunca havia entrado em uma, que era exatamente como mostram os filmes e novelas. O teto cor de casca de ovo o envolvia naquela mesa de cirurgia e ele, em posição fetal para tomar a anestesia, se sentiu recomeçando uma nova era, saindo do ovo. Correu tudo bem e Patrick ficou com apenas quinze por cento de caimento do olho. Melhorou consideravelmente sua aparência e isso o alegrou um pouco menos que sua expectativa.

– Meu amor, você está ótimo!

Acariciando seu rosto, sua noiva o elogiou. Ele teve dúvidas. As vozes sempre faziam isso.

Tudo resolvido, seguiram para o Ceará, se casaram por lá e logo se mudaram para o Acre como previsto. Trabalhavam juntos Patrick e Karen na banca de negócios das consultorias daquela região.

Tendo estabelecido os negócios, Patrick decide que era hora de concluir seus estudos. Transfere seu histórico para sua nova morada e enfim, após aproximadamente quinze anos consegue se formar. Karen já era formada quando se conheceram.

Este dia certamente foi um dia especial. Muita gente começa muita coisa o tempo inteiro. Pouquíssimas chegam até o final. Ocorre que a maioria das histórias é como a de Patrick. Diferentes são os personagens que nem sempre são tão insistentes assim! E essa é basicamente a maior diferença entre as histórias de quem chega a algum lugar das histórias daqueles que escolhem um canto no mundo e se escondem por lá. Ser chato! Persistente! Perseverante!

Foram quinze anos de muitos altos e baixos e muita batalha. Sua mãe, como sempre, só chorava... Ele estava radiante, com os olhos mais vivos do que nunca! Desta vez os dois! Seu pai, juntamente com uma legião de anjos se manteve em silêncio e atento durante toda cerimônia de colação de grau!

Sua mãe já havia se refeito da trágica perda de seu marido, seus negócios iam de bem a melhor, estava casado com uma mulher que amava, tinha dinheiro, morava bem e andava em bons carros, havia se formado, e estava de novo com Deus! O que lhe faltava?

Certo dia, chegando em casa um pouco mais tarde, Patrick entra com uma muda de uma planta nas mãos:

– Amor, vamos plantar esta árvore no nosso quintal. Estamos aqui há algum tempo, gostamos daqui e não temos razões para sair. Teremos tempo para acompanhar seu crescimento.

Karen gostou da ideia. Plantaram aquela árvore. O tempo passou. Tinham já cinco anos de Acre e, portanto cinco de casamento. Patrick com trinta e cinco anos e Karen cinco a menos. Patrick achava que já tinha tudo aos trinta e cinco. Só achava... Depois de uns dias sem se ver, ou ouvir, chega ela:

"E então, já tem tudo? Acha que tem? O que lhe falta? Está feliz? O que será daqui para frente?"

– Para! – ele gritou. Estava sozinho, por isso gritou. Não era louco! Continuou: – Quantas perguntas ao mesmo tempo! Não sei se tenho tudo! Acho que sim, mas a sensação de vazio ainda é a mesma de sempre.

Eis que surge a consciência:

"Esta sensação nunca sairá de você, Patrick, enquanto estiver preso ao passado ou às coisas que você não possui. Olhando para o presente e lançando-se no futuro atento a tudo que conquistou em detrimento do que não alcançou ainda, esta sensação se esvai."

E Patrick já tirou logo as suas conclusões, não sem é claro um forte apoio do ego. Decidiu que era hora de terem um filho. Sempre encontrava algo para colocar lá no vazio. Karen gostou da ideia de terem filhos.

Tentaram durante alguns meses. Patrick temeu que houvesse algo errado com sua saúde, fez alguns exames, Karen também. As chances de terem filhos pelas vias normais eram quase nulas. Como era comum de acontecer, Patrick ficou recluso por algum tempo, só com ele mesmo, no máximo com sua árvore, e depois de viver seu luto, decidiu que era hora de seguir em frente. Ele propõe:

– Vamos fazer inseminação artificial!

Karen queria filhos. Estava pronta. Patrick, Karen, negócios, dinheiro, mãe feliz, diploma, Deus, árvore e daqui a pouco filhos!

"O que mais faltava?!", pensava ele olhando sua árvore.

Patrick ainda urgia em sua batalha interior... A sensação de vazio às vezes dava até azia...

Plantou e abandonou sua árvore

Esta sensação de vazio logo se transformou em uma assustadora nuvem cinza-escuro cor de chumbo, que insistiu em encobrir a vida de Patrick por um tempo. Estava tudo claro demais e ele acabaria mesmo arranjando um jeito de mexer nas coisas.

As tentativas de ter o filho sem sucesso o estavam irritando sobremaneira. Ele estava tenso, carregado. Cansou-se daquele lugar e daquele negócio. Decidiu que após todo esse tempo trabalhando como prestador de serviços das consultorias teria a sua própria consultoria. Foi ter com Karen:

– Amor, vamos mudar de ares! Escolher um lugar e montar nossa própria consultoria. Claro, em algum dos lugares que passei que é onde teremos um estopim para começar o trabalho!

Karen era doce e meiga. Mas não se furtava em se posicionar sempre com seu ponto de vista. Na maioria das vezes, ouvia mais do que falava, se é que você ainda não percebeu. Era de família tradicional de pai e mãe funcionários públicos com vidas muito estáveis, seguras e aposentadorias garantidas. Não estava exatamente pronta para tantas aventuras. Foi aí que surgiu o primeiro desentendimento do casal.

– Que conversa é essa agora, Patrick? Está indo tudo bem, tudo dando certo. Estamos passando certa dificuldade para engravidar, e você decide que esse é o maior de todos os problemas e todo o resto se zanga?!

– Amor, não estamos bem aqui...

Ele repetia exatamente o que o ego sussurrava em um ponto que ele tinha no ouvido.

– Como assim, Patrick? – Ela o olhava sem entender, tentando convencê-lo a se aquietar: – Temos tudo por aqui, amor. Sabe que só saio daqui se for para trabalhar em uma grande empresa como empregada. Não vou me aventurar mais. – Era a consciência de Karen ditando cada palavra que ela deveria dizer.

Os diversos conflitos que os "eus" de Patrick enfrentavam não eram conflitos entre o bem e o mal. Todos os "eus" lutam pelos mesmos propósitos, só que alguns com visão deturpada, alguns sem respeitar os tempos do universo. O mundo não toma partido, assim a batalha pode nunca cessar.

A batalha interior não acontece só em Patrick. Quase todos vivem a batalha interior. Karen também vivia a sua, entretanto poucos veem seus vários "eus". E os que veem não compartilham para não parecerem loucos. Porém aqueles que não os veem também os têm.

Egos e consciências sempre se veem, e se debatem também (o que dizer das inúmeras discussões, desentendimentos sem fim por aí, esse diálogo, por exemplo). Quem enxerga esses "eus", percebe a tormenta e pode controlar. Mediam os conflitos internos e com isso equilibram o exterior.

Quando você vê, controla e media o outro enfraquece, pois percebe a força da unidade e aceita. Patrick já estava reconhecendo sua batalha, portanto com maiores condições de controlar. Quando os "eus" não são vistos pelo outro são fortes. Se for visto enfraquece. Patrick via o que Karen não via. Estava em vantagem. Aproveitando isso insistiu:

– Não se trata de aventuras, Karen. Somos adultos, experientes, bons no que fazemos. Você é uma ótima empreendedora e consultora. Além disso, preciso de outros ares. Estou infeliz com esta incapacidade de fazer nosso filho. Acredito que num lugar melhor que este fim de mundo poderemos superar estas mazelas.

– Mas que porcaria de mazelas são estas, Patrick? Não temos mazelas, só alegrias. Por que é tão difícil perceber?

Patrick podia escolher deixar o ego se digladiar com o dela, ou colocar a sua consciência no ringue, afinal ele podia ver tudo. Mandou a consciência e soou o gongo:

– Amor, e que tal voltarmos para o Ceará? Adorei sua cidade, sinceramente. O sol, o vento e o mar daquele lugar vai nos fazer bem. Conseguiremos fazer nosso filho lá e lá teremos nosso negócio bem perto de sua família que tanto clama sua ausência.

Desta vez ele pegou Karen em seu ponto mais fraco. A família! Era muito ligada à sua família. E a ideia de ter sua cidade natal, suas raízes e sua família de volta, encobriu todas as outras conquistas. As decisões das pessoas são tomadas geralmente assim mesmo...

Desfizeram-se de tudo e tudo que juntaram seria o suficiente para iniciar o negócio, com um carro mais barato, e um apartamento razoável no quinto andar de um bairro mediano na cidade de Karen.

Venderam sua casa no Acre e junto com ela a árvore que plantaram e viram crescer. A árvore não gostou nada disso. Ficou enciumada. E vingativa, nunca mais perdoou Patrick e Karen por terem a abandonado.

Eles se foram deixando a árvore e Patrick nem tinha começado seu livro. Sobre a tal essência? Nem notícias!

Clock
Clock
Clock
Clock
Clock
Clock

A vingança da árvore

"Você pode dizer adeus à sua família e a seus amigos e afastar-se quilômetros e, ao mesmo tempo, carregá-los em seu coração, em sua mente, em seu estômago, pois você não apenas vive no mundo, mas o mundo vive em você".
FREDERICK BUECHNER

Inferno ou purgatório? Dois novos acordos

Fundo do poço – primeiro o purgatório

A sombra cinza-escuro da árvore

O sol tenta, a árvore é vingativa, a luz não passa, fica a sombra

O bom filho ao lar retorna. O mau também... Em algum momento

Inferno ou purgatório? Dois novos acordos

Montaram o tal negócio. Era um imóvel grande com fachada de mármore no tom verde. Cor dos olhos de Karen. Salas para administração, salas para treinamentos, salas de reuniões, sala de negócios, sala de projetos... Nas bancas de negócios, eram prestadores de serviços das consultorias. Repartiam seus ganhos, mas tinham uma grande empresa por trás que os apoiava.

Agora eram só eles. Não repartiriam seus ganhos, mas também não estavam tendo ganhos! Saborearam o amargo gosto da concorrência de orgulho ferido e com um aluguel de liquidar qualquer capital de giro quando não se fatura.

Aqueles que eram seus parceiros de negócio passaram a ser seus concorrentes diretos e eram grandes, sólidos, reconhecidos. Patrick tinha conhecimento, mas não tinha mercado. Também ainda não tinha filhos. Não tinha mais sua árvore. Mas tinha este e-mail que recebeu do senhor Paulo quando completou trinta e seis anos:

> "Patrick! Está crescendo mais um pouco... Temos a infância, adolescência, vida adulta e melhor idade... Definições cronológicas de nossa evolução terrena. Atrevo-me a incluir nesta jornada da vida uma fase que transita por todas essas cronológicas e é atemporal... A fase da "amadurecência".
>
> Envelhecer cronologicamente é uma dádiva que não podemos escolher... Sim, uma dádiva! Imaginem o quão desinteressante seria a vida se ela não cessasse. Não teríamos por que buscar ou viver... Não temos o direito de decidir se envelhecemos ou não... Simplesmente envelhecemos, quer usemos bem a vida ou não...
>
> Amadurecer é uma escolha de cada um! E é atemporal! Podemos iniciar esse processo muito cedo ou muito tarde! Não importa. O

que importa é descobrir se quer essa fase (amadurecimento) em sua vida ou não!

Posso garantir a você, filho, vale muito a pena! Não perdemos nada com isso, só somamos... Mantemos toda magia do lúdico em nossa vida, redescobrimos a beleza da ingenuidade e inocência e ainda ganhamos sabedoria, paciência e o melhor, vamos aprendendo a viver com menor presença do ego que dá lugar à consciência!

Não pensei em melhor presente para oferecer a você: o amadurecimento! E o melhor, já está aí em você em algum lugar! Melhor ainda, posso contribuir para que encontre esse tesouro em você! Conte comigo!

Vai fazer toda diferença em sua vida! Tomara que eu esteja por perto para poder também me beneficiar com a beleza de ver florescer esse processo de mudança em seu coração e mente!

Feliz aniversário Patrick.

Com carinho, senhor Paulo."

Mediante tanta desgraça, e o mundo desabando em sua cabeça, chega uma coisa dessas. Patrick se encheu de graça. Era a injeção de que precisava. Sabia que a escolha era dele, e estava escolhendo se afundar. Arregaçou as mangas e os negócios começaram a acontecer. Sua esposa também se animou e tudo começou a tomar outra forma.

Parece mesmo que esta nuvem cinza queria ficar por ali. Receberam uma proposta de uma empresa. Terceirização de uma mão de obra para telemarketing ativo. O contrato resolveria todas as questões da consultoria e ainda daria fôlego em caso de baixo ritmo de negócios, por mais um ano ainda. Era tudo de que precisavam. Patrick releu o e-mail de senhor Paulo que ele mantinha impresso e dobrado sempre em seu bolso. Fechou o negócio. No fundo, durante todo esse tempo o mote era dinheiro. Que árvore, filho e livro que nada!

Em menos de um mês já tinha toda sala montada, com todas as cabines e equipamentos necessários. Vinte e dois funcionários ao todo contratados por um período de noventa dias. No primeiro mês, vendas baixas e nada de pagamento do parceiro. Segundo mês, sem vendas e parceiro paga as vendas do primeiro. Terceiro mês ele desaparecia no meio da noite. Recompensas de Patrick: dívida de toda obra civil e equipamentos; dívida de uma folha de pagamento de vinte e duas pessoas que laboraram três meses mais indenizações; dívida do aluguel de seu negócio que concentrou todo o foco no novo projeto; falência em menos de dois anos de existência; e uma boa herança de processos trabalhistas que ainda o acompanhariam por muitos anos.

Patrick rasga o e-mail de senhor Paulo. Apagando as luzes de sua empresa pela última vez, malogrou novamente Deus:

– Cretino! – e urra, chora, chuta as coisas, como um adolescente em fúria. Como um Patrick sem banca. – Justo agora que retomamos o nosso contato! Seu traidor! Você não é Jesus, é Judas! É pior que ele! Passa-se por Jesus e é pior que Judas! Abandonou-me no momento que mais precisei! E agora, o que vou fazer da minha vida?! Longe da minha família, sem carro, sem casa, sem trabalho, sem dinheiro... Perdi tudo de novo! De novo?! Quantas vezes ainda vai me tomar tudo que tenho?! Quantas vezes vai precisar se divertir com meu sofrimento até se saciar?! Chega! Não aguento mais esta pressão. Esta batalha que nunca cessa!

Tirou sua camiseta branca molhada de suor e começou a sacudir gritando:

– Trégua, trégua, trégua!

Ele repetia em soluços... Calou-se por um tempo. Logo retomou o fôlego:

– Enquanto estava longe do senhor na época em que cruel e inexplicavelmente levou meu pai, foi a fase que mais cresci e desenvolvi. Foi só eu decidir me encontrar com o senhor de novo e olha o inferno que minha vida se transformou! – Pela segunda vez repetiu esta frase: – Não preciso de um Deus assim em minha vida!

E pela segunda vez ele se afastou de Deus. Fez seu primeiro novo acordo consigo mesmo: seguiria novamente sem Deus. A sensação era como a de João e Maria que se perderam na floresta. Não viu o caminho que percorreu e agora que chegou num ponto que não era seu ponto final não conseguia mais voltar. Caiu no chão de sua empresa falida, e adormeceu.

Os anjos tentaram o levantar. Não conseguiram. Choraram também...

Quando levantou estava sem cor e sem cheiro. Saiu deixando sua alma para trás. Só a veria novamente depois de muitos anos. Não sei se posso chamar isso de morte. Foi o contrário. Na morte quem vai é o espírito e o corpo fica. Neste caso, o espírito ou alma ou energia ou sei lá o que, ficou e a carne foi. Não vou chamar isso de morte. Mas que parece, parece! Esta alma que ficou também vagou.

O corpo de Patrick foi direto para um cafofo bem próximo de seu prédio. Chegando lá, como estava sem alma, não pôde ser reconhecido pela vizinhança. Estava desconfigurado. Comprou droga com o pouco que tinha. Com o troco do pouco comprou cachaça. E foi se entupindo de tudo acreditando que seria suficiente para suprir a ausência de sua alma. Entupido jogava fora o lixo introjetado e depois de vomitar caía. Levantava-se cambaleava até em casa e no outro dia voltava lá.

Quase nenhum diálogo com Patrick germinava mais. As investidas eram em vão. Transformara-se em um quase zumbi. Karen só chorava. Ela em uma ponta do país e a mãe de Patrick na outra também se acabando em lágrimas. Às vezes, chegava em casa enfurecido drogado e enlouquecido como um gato no saco. Outras, manso e doce. E nessas vezes conseguiam até se amar. Foram raros momentos de milagres, fundamentais para proteger a relação.

Depois de algumas semanas nessa agourenta rotina, estava ele em casa. Não mais no cafofo se drogando. Só bebendo, sem remédios. Karen saiu para ir até a casa de seus pais e deixou Patrick sozinho em casa. Estava mais segura vendo-o por ali. Parece que corpo e alma estavam juntos de novo. Até que estavam, mas mal sabia ela que estavam no maior pé de guerra!

Enquanto bebia debruçado na janela as vozes surgiram. Adivinha quem veio primeiro?

"Patrick, acabou, seu grande mentecapto! Conseguiu mesmo destruir com tudo. O que está esperando? Não vai pular?"

Patrick ficou congelado nesta hora. Uma camadinha fininha. Estava calor, logo derreteu. Ele abriu os ouvidos.

"Patrick, lembre-se que momentos ruins já te aconteceram, mas nada te derrubou. É só mais uma barreira. Você é forte, é grande! Sua bagagem pode ser maior. Não pode passar por esta vida carregando só essas sacolinhas com todo esse coração e cérebro. O fardo tem a exata proporção dos braços que o carregam."

Patrick virou o resto de bebida que tinha em seu copo e foi pegar mais, deixando esta voz falando sozinha na sala. Quando voltou e novamente se debruçou na janela, ouviu de novo:

"Acabe logo com isso! Pule seu inútil. Encerre de uma vez por todas esta história de fracassos que construiu!"

Patrick ouviu. Estava cansado demais. Gostava mesmo era dos caminhos mais curtos. Colocou seu copo na mesa. Subiu no parapeito da janela. Escorregou seu corpo pelas paredes externas do prédio. Os braços ficaram duros como pedra. Realmente só cairia lá embaixo se quisesse, porque nesta hora ele foi dominado por uma sensação até então não percebida.

Toda a sua força estava em seus dedos, que pareciam ter capacidade para suportar toneladas. Ele não gostou disso. Não queria tomar esta decisão, não queria escolher mais. Queria cair. Não queria pular. Resolveu cansar os seus dedos, então. Ficou por ali.

As vozes já estavam tão altas disputando a atenção de Patrick que ele não podia ouvir quase nada. Quando, de repente, ele se recordou dos fragmentos da fala do pai em seu leito de morte.

Lembrou-se de alguma coisa sobre "acordos". Resolveu fazer então o segundo acordo com ele mesmo:

– Nada de sonhar mais! Aceite qualquer emprego que te oferecerem, seja como as rosas, que não escolhem quando desabrochar!

Ouvindo o acordo que fez consigo mesmo não teve dúvidas. Novamente escolheu errado. Desta vez, com consequências maiores. Muito maiores. Se não podia mais sonhar, não valeria mais a pena viver. Lentamente vai soltando um a um os dedos, buscando um fiasco de dúvida que fosse.

"Pulei ou caí?", ele pensava. Esta dúvida como poucas era melhor que a certeza de saber que havia pulado.

De repente, cai do quinto andar. Caiu ou pulou?! Sei que esborrachou lá embaixo.

Antes de soltar o último dedo ele olhou para baixo. Viu passando pela calçada um casal com um carrinho de bebê dando risadas e colocando a mamadeira nas mãos da criança. Lembrou-se da sua incapacidade de fazer filhos. Tendo soltado este dedo, que era o último, o mundo pareceu ter virado de cabeça para baixo. Ele olhava o céu escuro e torcia para não chegar ao chão. Já tinha se arrependido.

Viu o desenho que fez para o senhor Paulo. Podia ter uma ponte ali! Tentava não acreditar naquilo tudo e quando olhou para o prédio ao lado, viu um homem pela janela escrevendo alguma coisa em seu computador. Parecia estar feliz e ele nem o viu passar caindo.

Lembrou-se do seu livro que não aconteceu... Sentiu o vento forte no cabelo, viu uma árvore alta balançando e com saudade de sua árvore procurou uma posição melhor para cair, como quem busca um jeito de sentir menos dor, já que o destino era certo. Iria morrer.

De repente, um barulho alto, forte e oco. Uma dor rápida, aguda, intensa. E uma escuridão mais forte que qualquer trem fantasma já conhecido. Antes de se afundar por completo naquele buraco negro as mãos de algumas vozes começaram a lhe puxar de volta para a luz.

– Cuidado com o pescoço! Não mexa no corpo dele. Espere os bombeiros.

Ele ouvia tudo, mas não se mexia. Estava com os olhos semiabertos, o menor quase fechado. Sentindo gosto de sangue na boca, sentindo ossos enfiados em toda carne de seu corpo. O cheiro forte do canal de esgoto próximo ao prédio. Seus sentidos estavam ali. Mas o torpor o dominou. Ficou inconsciente... Agora foi a alma que saiu e ficou ali por perto olhando aquele amontoado de carne e ossos quebrados.

Fundo do poço - primeiro o purgatório

Tendo visto isso, se entregou de uma vez por todas. Descansou. Não adiantava mais qualquer esforço. Se a vida continuaria ou não, não estava mais em suas mãos. A nuvem cinza-escuro da sombra da árvore estava lá em cima.

Em menos de cento e oitenta segundos o local já estava cercado de carniceiros. Suas vozes misturadas com as vozes internas de Patrick atingiram tantos decibéis necessários para ensurdecer até morto! Quando de repente, uma voz se destaca. A consciência insiste em ficar. Apesar de muito embolada em lágrimas, deu para identificar de onde vinha à voz:

"Patrick, meu amor! Tinha tanta coisa ainda para fazer!"

As palavras escorreram junto com as lágrimas que foram remando até os ouvidos ensanguentados de Patrick. Em meio àquela pororoca de lágrimas com sangue as palavras se afogaram. Ele não ouviu.

Karen o segurava sentada no chão com as pernas encolhidas, como quem ajoelha e senta, com a cabeça de Patrick em seu colo, completamente desacreditada de todo aquele pesadelo, segurando com ternura seu rosto. Tão pouco tempo ao lado daquela pessoa, que mesmo com seus constantes altos e baixos, havia a conquistado por toda sua coragem, determinação, persistência, bravura! Pedia ao seu Deus, que nunca a abandonou que se mantivesse ali ao seu lado. Orava com muita fé. O coração de Patrick ainda batia. Ela sabia que enquanto o coração estivesse batendo existiria vida.

Ela o abraçou mais forte. Encostou Patrick em seu peito. Desesperada, em intensa batalha interior naquela hora, ouvindo cada voz dizer uma coisa diferente, ela ouve algo que decide acreditar. Imaginou que a energia das batidas de seu coração pudesse energizar o coração de Patrick, mantendo-o batendo também. Colou-o ao seu peito.

Patrick estava inerte. Fora completamente tragado por um imenso buraco negro. Não ouvia mais nenhuma voz, mas sentiu o coração de Karen. Em algum lugar que não devo aqui descrever, havia uma conexão, uma ponte, entre o corpo inerte de Patrick e sua alma que ainda estava por ali. E quando seu corpo percebeu aquelas batidas, um indescritível fenômeno aconteceu.

No ponto onde o coração de Karen encostou-se em Patrick batucando, a primeira célula recebeu e como uma comunidade que se junta para apagar um incêndio no barraco do vizinho suas células atuaram. Uma a uma passando a informação para outra, até chegar a seu coração e cérebro. Quando chegou lá a alma sentiu um solavanco. Como se o corpo a chamasse de volta para dentro. Ela resistiu. Travou-se então uma silenciosa batalha.

Completados onze minutos do momento em que o corpo de Patrick atingiu o chão, a multidão começa a se afastar diante das luzes e sirenes do carro de resgate do corpo de bombeiros. Era uma UTI, Unidade de Terapia Intensiva, móvel.

Quem dirigia aquela viatura eram os anjos que por alguns instantes descuidaram de Patrick lá em cima. No momento em que ele deixou de ouvir sua consciência, saiu da sala, e foi até a cozinha pegar mais bebida os anjos foram juntos. Ele logo voltou e quando os anjos chegaram à sala ele não estava mais lá. Eles então partiram em busca de uma ambulância que chegou muito rápido. Para compensar, eles escolheram uma pessoa especial para comandar aquela unidade.

Logo que a viatura para todos saltam. A equipe inteira. Dois enfermeiros já com a maca e oxigênio, os paramédicos e o comandante daquela unidade: Major Mendes.

Major Mendes iniciou sua carreira de médico de um jeito incomum. Quando recém-formado serviu seu ano de serviços militares obrigatórios como médico no exército. Terminado este ano ele prestou três concursos até ingressar no corpo de bombeiros, que sempre foi seu sonho. Conseguiu passar em um no Ceará. Foi incentivado pela determinação e coragem de certo candidato que um dia foi reprovado na seleção para o NPOR em um exame médico que fez no exército e insistiu até entrar.

Quando major Mendes chega próximo da vítima, pede licença à sua esposa. Karen o abraça forte. E nesta hora, com boa parte da alma já de volta no corpo, depois que o coração começou a bater mais forte, Patrick ainda não ouve nada, mas sente um coração do outro lado batendo tão forte, que pareciam ser três corações ao mesmo tempo disputando a sua atenção.

Tendo sentido isso, o trabalho do major Mendes foi facilitado. A vítima apresentava alguns sinais vitais. Logo major Mendes, tem a impressão de já ter visto aquele rosto. Apesar de já terem se passado aproximadamente vinte anos, de seu rosto estar banhando em sangue, muitos hematomas, tinha uma característica no rosto de Patrick que mesmo depois de sua cirurgia, não deixava ninguém esquecer, era o brilho no pequeno olho escondido atrás de sua ptose palpebral.

Ele ficou intrigado e na dúvida decidiu que iria fazer o impossível para ajudar aquela pessoa. Se fosse Patrick, era sua chance de fazer aquele bem que pretendeu fazer a vinte anos atrás.

– Ele vai sobreviver, doutor? – questionou Karen completamente desolada ao major Mendes.

– Minha equipe fará o possível, minha senhora. Eu farei o impossível!

A sombra cinza-escuro da árvore

Chegando ao hospital, Patrick é diretamente encaminhado para a sala de cirurgia. Tinha muita coisa para arrumar se é que tinha conserto!

O estado de saúde dele numa escala de um a dez de gravidade era oito. Muito crítico. Ele estava muito mal. As duas pernas haviam fraturado (uma em dois lugares a outra em quatro), a bacia, algumas costelas, o braço esquerdo em várias partes e a mão direita. Seu tornozelo ruim ficou moído. Além de um traumatismo craniano e uma séria lesão na coluna vertebral. Sem falar em vários traumas e hematomas e algumas hemorragias em seus órgãos internos.

Só mesmo um milagre o tiraria desta. Parece que o milagre estava lançando seu bálsamo em outros viventes em outros lugares. Não veio ver Patrick. Sua mãe, é claro, veio!

Foram necessárias poucas horas até que ela chegasse. Passados alguns minutos da desgraça, os pais de Karen (ela não tinha condições de fazer isto) ligaram para a mãe de Patrick dando a notícia. Ela quase tem um troço lá do outro lado da linha e do país. Sozinha, viúva e sem seu filho, agora!

A primeira reação foi um rápido desmaio, que deixou os pais de Karen desesperados do outro lado da linha, já que a conversa cessou sem o habitual tchau. Retomada a pressão arterial ela lamenta no chão:

– Não pode ser! O que fiz para merecer esta sina? Perder as duas pessoas mais importantes da minha vida assim?! Cada um de um jeito mais imbecil que o outro?! Não posso perder meu menino!

Chorava vezes com raiva, vezes com muita emoção. Todas com dor, muita dor. E vinham pensamentos de toda sua infância. Ela junto com seu marido e o filho no rio Araguaia, na praia brincando, no Cristo Redentor se divertindo com a admiração que Patrick tinha por grandes obras! As bermudas de flanela dele raladas pelos tombos de skate.

Sua batalha interior se assemelhava ao ataque costeiro na praia de Omaha em 6 de junho de 1944 durante a batalha da Normandia, na Segunda Guerra Mundial. Então ela clamava:

– É muito pesado para mim, meu Pai. Não vou poder suportar. Esta vida só pode acabar depois da minha. É contra as leis da natureza! Nem nome tem para isto. Perdi meu marido e fiquei viúva, se perdemos nossos pais ficamos órfãos, o que dizer de uma mãe que perde o filho? Diga-me?! Uma coisa que não tem nome não deve existir!

Pegou o primeiro voo para o Ceará dormente de tanto tranquilizante, junto com uma prima que veio para ajudá-la nesta maratona de terrores. Chegando ao aeroporto, pegou um táxi direto para o hospital ainda de madrugada e lá chegando encontra-se com a doce Karen, adormecida no sofá com o rosto tão inchado quanto o de Patrick de tanto chorar.

Ela a acordou, as duas então pedem licenças às palavras e se abraçam sem nada dizer. Pediram licença só às palavras. Com as lágrimas nada disseram. Essas então ficaram à vontade e caíram. Foi um longo e silencioso abraço, a não ser pelos inevitáveis soluços.

Estando as lágrimas já cansadas, se encarregaram de chamar as palavras para participarem daquele momento. Elas não se fizeram de rogadas. Aproximaram-se. Tanto as palavras de Karen, como as de sua sogra que desesperada questiona:

– Minha filha, o que aconteceu?! Como pode ter sido uma desgraça dessas?!

– Não sei, mainha! – Esta menina tinha mesmo gosto de biscoito de maisena! Como era doce! Tinha o carinhoso hábito de chamar a mãe de Patrick de mãe também, do jeito dela, lá do nordeste. – A senhora sabe de todo nosso perrengue, de toda reviravolta que aconteceu com nossa vida, toda fase ruim que Patrick enfrentou com bebidas, drogas, e todo o fracasso que nos assolou. Mas daí a dizer que Patrick atentou contra sua própria vida, não posso acreditar. Saí para visitar minha família e o deixei em casa. Estava bem. Estava melhor, de um jeito que eu não o via há muito tempo. Limpo. Sem drogas. Estava bebendo na janela, como quem olha para o horizonte e procura soluções para sair daquela fase. Assim como em tantas outras ele superou! Devia estar buscando um jeito de superar aquela. Decidi o deixar sozinho. E quando volto esta desgraça! Não sei o que aconteceu.

Caiu no choro, que veio empurrando as palavras de lado novamente e assumindo a situação. Eram umas 5h30 da manhã e o primeiro boletim médico chegaria junto com o dia.

– Filha, e como está o estado de saúde dele?

– Crítico, *mainha*. Muito crítico. Ele se machucou muito. O médico pareceu inspirar muita confiança, falou muito firme que iria fazer o impossível, mas deixou claro que ele corre sérios riscos de vida.

Abraçadas, chorando muito e cansadas, adormeceram no sofá sendo acordadas pelo médico, que as saúda com notícias não muito boas. O boletim médico chegou junto com o dia.

E junto com o dia veio aquela tal sombra cinza-escuro da árvore...

O sol tenta, a árvore é vingativa, a luz não passa, fica a sombra

Karen e sua sogra se recompõem e aflitas aguardam o resultado. Quem veio pessoalmente falar com elas foi o major Mendes, que insistiu para se integrar àquela equipe e ajudar a salvar a vida daquele homem. Antes mesmo de falar do boletim ele comentou a curiosa coincidência deste encontro com Patrick, depois que já havia confirmado que era ele mesmo, contou a história para a mãe de Patrick e Karen.

À Karen teve menor significado. Ela não viveu essa história. Para a mãe, serviu como um tranquilizante. Ela ainda se lembrava com muita propriedade de toda ansiedade do filho naquela época e gostou de saber que tinha mais alguém ali torcendo por ele. Mais ainda de saber que aquele médico por alguma razão, decidiu que tinha uma dívida a acertar com seu filho. Quando ele conclui:

– E por isso estou aqui minhas senhoras. Para cuidar da vida de seu Patrick como minha própria vida. Não será fácil e é importante que vocês saibam.

Nesta hora, as duas apertaram forte a mão uma da outra. O médico continua:

– Patrick caiu de uma altura de cinco andares. Se cada andar corresponde a uma média de três metros e ainda tínhamos o mezanino, ele despencou de uma altura de dezoito metros, aproximadamente.

Neste instante, a mãe que é a fonte do sangue de Patrick o interrompeu com a voz mais alta, disfarçada de grito. Mal disfarçada. Na sua batalha interior ela ouviu da consciência que não valia a pena ser indelicada com quem tinha a vida de seu filho em suas mãos, e se esforçou para diminuir o tom:

– Doutor, me desculpe, deixe de rodeios. Sei que ele caiu de uma altura considerável e detalhar isso só amplia minha dor. Vamos ao ponto, como está meu filho?

– Ele está muito mal. Corre sérios riscos de vida ainda. Está em coma profundo, teve muitas fraturas por todo corpo e as cirurgias que fizemos até então serviram para mantê-lo respirando e com o coração batendo, mas está inerte. Em breve teremos um panorama melhor de sua coluna que foi severamente agredida também pela queda. Estamos fazendo tudo o que é possível. Eu estou fazendo, inclusive, o impossível!

Karen chorou fininho, abafado, só um restinho que ainda tinha ali. Seu estoque de lágrimas estava se secando. Ela já havia ouvido o doutor Mendes dizer que estava fazendo o impossível. Intrigou-se com isso. Confortou-se também. A mãe de Patrick era só um trapo humano.

Fizeram vigília. Na maioria das vezes, as duas sempre ali. Em raros momentos se revezavam, para uma ou outra tomar um banho ou comer alguma coisa. Passaram onze dias nesse ritmo, de poucos banhos, pouca comida, e sono mal dormido no sofá da recepção do hospital. A mãe de Patrick estava mais magra. Karen, mais gordinha.

No décimo segundo dia, como de costume, o doutor Mendes, chega cedo e as acorda com o boletim médico. Ele estava nitidamente arrasado. Com aquela cara de atleta de corrida de cem metros que chega um centésimo de segundo atrás do primeiro colocado. Ou daquele goleiro que treinou muito por quatro anos e na final da copa no último pênalti, a bola entra e ele olha para bola na rede e depois para a multidão em prantos. Ele seca a testa salpicada com o suor gelado da sala de cirurgia e dá a notícia:

– Minhas senhoras me desculpem! Eu falhei!

Nesta hora, ambas ajoelharam, não por decidirem isso, mas por seus joelhos terem decidido por si só. Combinaram os quatro lá embaixo que se a notícia fosse esta não iam mais segurar aquelas pernas em frangalhos. Caídas no chão, se abraçavam e choravam o filho e o marido perdido.

– Calma!

O médico as advertiu, segurando-as pelas mãos e tentando em vão trazê-las para cima. Não adiantava os joelhos já tinham decidido ficar ali. Ele então se sentou ao lado delas e continuou:

– Calma, senhoras! Nem tudo está perdido. Patrick não se foi. Não voltou ainda, mas também não se foi. Não saberemos quando tomará essa decisão, mas o fato é que ainda está por aqui.

– Como assim, doutor? – questionou Karen sem nada entender.

– Patrick está em coma ainda. Recuperou bem o funcionamento de seus órgãos internos. Respira, e tem seu coração batendo, mas permanece desacordado.

Karen lembrou-se num lampejo, orgulhosa e ao mesmo tempo se sentindo ridícula, de sua ação de primeiros socorros, quando passou a energia de seu coração para o dele: "Deve ter ajudado!", ela pensava.

– O que isso significa, doutor? – agora foi a vez da mãe de Patrick.

– Significa que ele está vivo. E está em coma. Por um período que não podemos precisar.

– Como assim, doutor? – retrucou a mãe naquele tom que a consciência pediu para ela evitar... – Como não podem precisar o tempo que ele ficará em coma? Quem pode?! Alguém deve saber! Vamos ficar aqui ainda por quanto tempo?!

– Não precisam mais ficar aqui. Ele já pode ter alta – respondeu o médico frio e fracassado.

– O que o senhor está me dizendo?! Acha mesmo que vou levar meu filho daqui assim nesse estado? Como vou cuidar do meu menino assim?

Com seu estoque completamente já esgotado, seus olhos meio sem graça com aquele pedido, chegaram de mansinho nos olhos do doutor Mendes, e pediram a eles um pouco de lágrimas. Para espanto de seus olhos, os do doutor Mendes adoraram a ideia. Estavam sufocados, sentindo uma imensa pressão. Como de um dique que estoura com a força da água, eles cederam, então, suas lágrimas para os olhos da mãe que choraram por ela e por ele, que não quis abrir sua torneira.

"Nada podia ser mais triste do que isso!", ele pensou.

Ver uma mãe, de filho único e viúva, tão jovem naquela situação. Sem dúvida alguma, um dos piores momentos de sua vida, mas não tinha acabado ainda. Este pior momento ia ficar pior ainda e ele não podia adiar. Continuou apesar do pranto da mãe, dele e de Karen:

– Vocês precisam ser muito fortes! Precisam se unir. Não será fácil daqui para frente. Patrick precisa sair do hospital e começar a conviver com a rotina comum do dia a dia. Escolham um lugar tranquilo para o levarem. Vão precisar de equipamentos especiais, cama especial, alimento especial e muita fisioterapia.

Tudo não podia passar de um pesadelo pensava a mãe de Patrick:

– O senhor está querendo me dizer que meu filho vai vegetar?! – ela gritava.

Karen estava arrasada, tão jovem e já tão destruída por dentro. Logo agora que iria precisar de tanta força interna para sustentar tanta vida que a preenchia. Patrick, em seus últimos instantes, ali deitado no peito de Karen, sem nada ouvir, sentiu o coração batendo forte. Como se fossem três. Ele não estava errado... O médico continuou o massacre, que também o feria:

– Sabemos que está vivo, não sabemos até quando. Sabemos que vai ficar em coma profundo, não sabemos até quando. Temos poucas certezas. Uma delas é sobre sua coluna. A lesão que atingiu sua quinta vértebra foi muito séria. Rompeu a comunicação de seu cérebro com o resto do corpo, perdeu a conexão.

"Que ironia! Ele caiu do quinto andar!", pensou rápido Karen.

A alma de Patrick que estava por ali ouviu esse negócio de conexão e imaginou já ter visto isso em algum lugar, quando o médico conclui o sinistro diagnóstico:

– É muito provável que fique tetraplégico. – A alma tremeu. – Daí para frente tudo é um mistério, ele pode recobrar os movimentos dos braços e das mãos, ou não. Quanto ao movimento das pernas é muito pouco provável. Além da lesão na coluna as lesões nas pernas foram muito sérias. Atingiu fêmur, bacia, joelhos e um tornozelo que ele já havia recuperado do acidente de moto, ficou com os ossos em pó. Certamente, ele nunca mais poderá andar.

Vendo aquela cena, a consciência de Karen agiu como esses heróis que percebendo a guerra já perdida saem gritando pelo campo de batalha e atirando por todos os lados e conseguem chegar lá na frente sem furos.

Assumiu o controle. Alguém precisaria fazê-lo. Só existia ela e a mãe dele ali. A mãe decididamente não tinha condições alguma de fazê-lo. E falou no ouvido de Karen soletrando exatamente o que ela deveria dizer. Ela repetiu todas as letras:

– Mainha, vamos conseguir. Vamos trazer nosso Patrick de volta. Não importa o tempo que ele decida ficar escondido aí dentro dessa carcaça. Vamos estar ali, junto dele, sempre ao seu lado. E quando ele abrir este olho sete oitavos (depois da cirurgia, não dava mais para chamá-lo de meio olho) verá nós quatro ao seu lado, firmes! E terá a certeza de que as pessoas que mais o amam nesta terra sempre estiveram ali. E depois disso, nunca mais vai nos abandonar!

A mãe de Patrick estava entregue. Em algum lugar uniram-se ego e consciência e com muito esforço faziam um alicerce para segurar o mundo que insistia em cair sobre sua cabeça. Em meio aos prantos misturados com seu desespero, ela ouviu alguma coisa sobre os quatro ao lado de seu filho e nada entendeu. Limpou as lágrimas, olhou fundo nos olhos de sua nora, e um pouco mais calma questionou:

– Do que está falando, minha filha? Nós quatro?

– Sim, mainha. Nestes últimos meses, apesar de todo descontrole de Patrick, vez ou outra ele chegava em casa manso. Parecia outro ou ele mesmo não sei mais. Daí eu não resistia. Sentia saudade dele e o amava. Entregava-me. Algum milagre aconteceu. Fiquei grávida. A senhora será avó de gêmeos!

O bom filho ao lar, retorna. O mau também... Em algum momento

A mãe a abraçou sem saber se feliz ou mais triste. Parece que eram os dois. Feliz pelo vazio que seria compensado. Triste pelos filhos que crescerão órfãos de pai e principalmente por imaginar que o pai, seu filho, pudesse perder esse espetáculo que é o crescimento dos filhos. Ela então questionou:

– Filha, o que pretende fazer? – com um olhar de quem sente piedade do outro.

– Ainda não sei. Sei que precisamos estar juntas.

A mãe não se moveu. Não sabia o que sentir. Não sabia o que fazer. Não podia decidir por nada. Karen estava vestida com aquela armadura de heroína. Gostou quando se viu com ela no espelho. Precisava fazer alguma coisa. Afinal, era seu marido, pai de seus filhos! Assumiu de novo o controle:

– Já sei o que vamos fazer, mainha! Vamos voltar para a sua cidade no Centro-Oeste. Vou com a senhora e meu marido. Ficaremos todos juntos e juntas vamos cuidar de seu filho. Não temos mais absolutamente nada por aqui. Nada nos prende aqui a não ser minha família que certamente vai entender. Sei que a senhora vai precisar dele por perto e ele também da senhora. Não poderei também ficar longe e impedi-lo de ver o crescimento de seus filhos mesmo que ainda na barriga.

– Minha filha... – Passou a mão trêmula no rosto molhado de Karen. – Que boa esposa meu filho escolheu. Que bom que ele foi teimoso como sempre e insistiu em se casar mesmo com as coisas não lá muito boas. Quem foi que disse que ele não sabe escolher? Fico feliz com essa possibilidade, mas o que vai fazer? Como vai se sustentar?

E a alma de Patrick por ali, assuntando a conversa... Registrando tudo! Os anjos retomando as forças. Quase recuperados do baque. Não podiam se dar ao luxo de tanto luto assim. Agora era hora de reverter o descuido que tiveram.

– Vou trabalhar, mainha! Como sempre fiz! Não tenho medo de trabalho e faço qualquer coisa. Tenho bom currículo. Vou tentar alguma vaga naquelas indústrias lá da região. Tem muita cana, soja, milho e grãos em geral por ali. Consigo um emprego em algum desses lugares.

– Filha, como vai conseguir se empregar grávida de dois filhos? – Karen já havia pensado nisso.

– Mainha, apesar de empresários e falidos, eu e Patrick sempre contribuímos com previdência e seguros. Vamos viver disso até os bebês nascerem. Depois, vou à luta! Ajudo a senhora a cuidar dele, e juntas cuidamos da casa.

Parecia uma ótima ideia. A mãe de Patrick só vivia com a pensão de seu finado marido. Já tinham superado a fase do ódio do luto, já conseguiam pensar. Três dias depois tudo estava pronto para se mudarem e levarem Patrick que iria em uma unidade móvel aérea.

Ao chegarem à terra de Patrick, Karen sentiu aquela sensação desconfortável como quem retorna a casa depois de um velório ou enterro. Sabe quando tudo termina e você chega em casa e aquela pessoa não está mais lá e nunca mais vai estar? Pois foi mais ou menos assim. Com o atenuante de que não existia a certeza do nunca mais vai estar e ela acreditava que logo ele estaria de volta.

A casa ainda não estava preparada para recebê-lo em todas as suas necessidades e a impressão é de que nunca ficaria. Sempre descobriam um jeito novo e melhor de fazer determinada rotina, o que exigia apoios diferentes. Mas tinha o essencial logo com sua chegada. Um quarto com duas camas de solteiro. Uma delas era de hospital. A outra era de Karen.

A esposa e a mãe se revezavam sentindo a dor da ausência do marido e do filho em todos os instantes, mas sempre com a mesma alegria de poder estar ajudando aquele ente querido!

Mais de seis meses se passaram. Patrick ainda na cama, e o que o manteve vivo por todo esse tempo foi uma rotina que seu corpo de forma muito inteligente estabeleceu para mantê-lo conectado com o mundo. Construiu-se uma ponte imaginária entre Patrick e Karen, e todas as noites quando ela se deitava no canto da cama de lado segurando as mãos de Patrick e conversando com ele, acontecia uma transfusão e toda carne, sangue e músculos que se esvaiam de Patrick a cada dia migravam para o corpo de Karen alimentado os seus bebês.

Certo dia, já muito próximo do nascimento dos bebês, (faltavam algumas poucas semanas), em meio a essa transfusão, certamente veio um bolo de carne maior que o cano, e o negócio entupiu. A mão de Patrick se mexeu! Karen ficou elétrica e começou a gritar pela mãe dele. Naquela hora, não viram mais nada. Mas tinham um motivo que esperavam já há quase nove meses, para sonhar naquela noite.

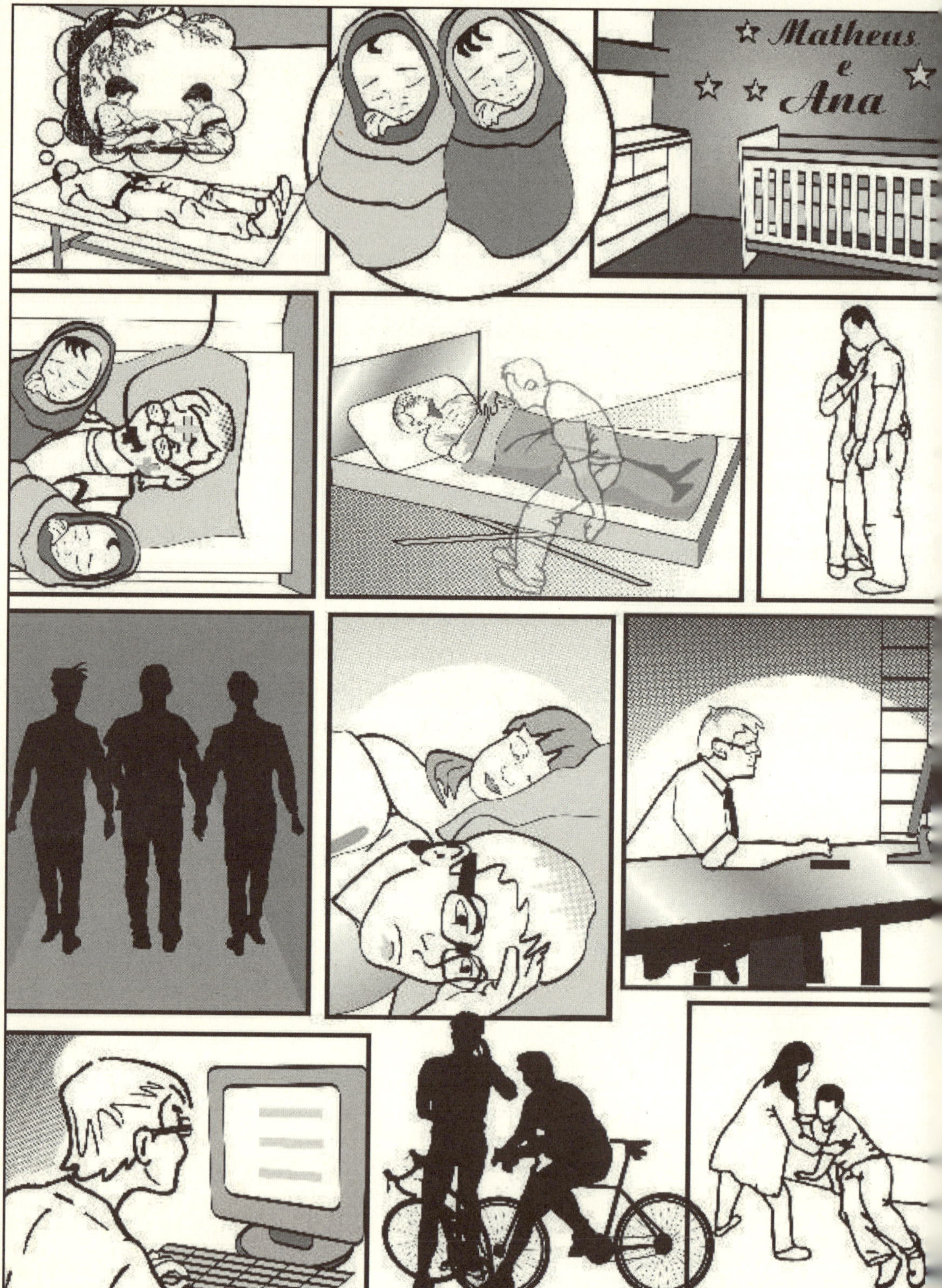
Matheus
e
Ana

O autêntico eu

"E aqueles que foram vistos dançando, foram julgados insanos por aqueles que não conseguiam escutar a música".

Nietzsche

Quase de volta

No final das contas, tudo que Patrick queria, eu quero e você também quer. Todas as escolhas feitas nessa incansável busca pelo dinheiro e boa vida, foram uma forma desconhecida e equivocada de buscar a felicidade. Sempre mudando de cidade, de emprego, de vida, sem perceber que a mudança que deveria acontecer não estava do lado de fora.

O trabalho deve ser uma contribuição voluntária ao mundo e à sociedade, do contrário gera doença, insanidade. Quem olha para o relógio o tempo todo não está voluntário no trabalho. Está ali escravizado pelo salário ou pela segurança do seu emprego.

A vida deve ser encarada como uma busca constante da paz e harmonia com o mundo e Patrick, na maioria das vezes, estava em guerra. Patrick adoeceu. Amargurou-se. O homem é essencialmente autodeterminante. Ele se transforma no que faz de si mesmo. Patrick se transformou nisso.

Em resumo, podemos dizer que nosso ser vai se moldando conforme o determinismo biológico, psíquico e ambiental. Particularmente, a consciência acredita numa maior influência do ambiente. Como é esse ambiente? Começa com os pais dizendo ou ditando como as coisas são e devem ser, depois os professores, depois os patrões. Quando o indivíduo atinge a suposta maturidade e passa a se considerar dono de sua vida – ledo engano – esse foi o modelo aprendido. Assim ele começa a operar conforme determinações que ele faz a si mesmo (ego agindo). Enfim, continua aprisionado a viver pelos objetivos de alguém. Agora um objetivo que pensa ser seu, mas nada mais é que uma repetição das "lições" que recebeu ao longo de sua vida. Não são lições dele, e sim da sociedade. Uma sociedade infeliz e cheia de medos e ilusões.

Mas a consciência de Patrick se fortaleceu muito tempo antes do fatídico acidente há quase um ano. Não ia deixar que o ego vencesse essa batalha assim. Mas o que poderia ela fazer se o corpo não reagia?

Começou então trazendo todas as imagens mentais da época de adolescente. O show de rock, os discos, os livros, a música e por fim a última carta na manga: colou bem no fundo do coração de Patrick um desenho onde tinham duas crianças idênticas, lendo um livro à sombra de uma árvore.

Quando Karen anunciou em casa que a bolsa estourou, a mãe de Patrick se desespera, e tamanha foi a confusão que toda vizinhança, já ansiosa, sabia do que se tratava. Os pais de Karen estavam por ali e iriam juntos para a maternidade. Em casa com Patrick, ficaria sua mãe.

Antes de sair, Karen foi até Patrick. Deu-lhe um beijo na testa e com uma mão em seu rosto e a outra segurando sua mão, sussurrou em seu ouvido:

– Amor, não demoro. Vou lá tirar nossos filhos aqui para fora. Já volto para lhe mostrar eles. Por favor, esteja acordado quando eu chegar.

Tendo ouvido isso e ainda visto lá dentro um desenho como aquele, Patrick tinha que fazer alguma coisa. Reuniu toda energia que ainda lhe pertencia e mexeu agora a mão. Apertou a mão de Karen que emocionada saiu dali mais feliz do que nunca.

– Vou buscar nossos filhos! – ela gritava feliz com a pífia evolução do marido.

De volta à vida - parte III

Nasceram Matheus e Ana. Lindos. Pequenos, tinham a mesma cor da mãe. Os mesmos olhos vivos do pai. Os quatro bem abertos! O gosto? Parecia ser algo do tipo leite em pó. Karen estava feliz. Nem tanto. Enfim, teve os filhos que durante tanto tempo lutou com Patrick para terem e vieram logo dois de uma vez. Uma pena Patrick não estar ali. Mas Karen não se deixava abater.

Em casa, a mãe fervia o leite e arrumava os últimos detalhes do quarto dos pequenos. Sua casa era aquela ainda. Ficava ela em seu quarto, ainda guardando o vazio da cama do finado marido. Tanta saudade, tanta amargura, tanta tristeza estavam levando a mãe de Patrick a sucumbir. Estava doente. Não sabia o que era. Sabia que era grave. Patrick, de volta ao seu quarto, agora com Karen, e para os netos tinha outro quarto que durante um tempo funcionou como quarto de visitas. Nunca cumpriu sua função.

O quarto de Matheus e Ana era verde. Não dava para ser azul nem rosa, ficou verde. Verde bem clarinho em cima. Embaixo da parede um tom mais escuro, na cor dos olhos de Karen. Esse tom estava bem na altura do colchão do berço dos bebês, que era para eles ficarem olhando ali como se fossem os olhos da mamãe os velando enquanto ela trabalhava. No meio uma faixa com flores e bolas.

Os berços eram brancos e tudo era muito simples. Com um detalhe, logo que viu esse quartinho e soube quem iria morar nele, o conforto tratou de juntar as suas coisas e se mudou para lá também. Espaçoso que é, se espalhou por todos os cantos do quarto. Imaginem como ficou aquele simples quarto!

Karen chegou em casa com os filhos. Seus pais logo retornaram para o Ceará. Precisavam trabalhar, não havia espaço por ali.

Quem ajudou Karen a cuidar de seus filhos foi a mãe de Patrick, que quase deixou o leite ferver e derramar quando ouviu a porta se abrindo. Desligou o fogão e foi correndo para a sala. Chegando lá vê os dois anjos de sua segunda geração e se emociona. Pegou os bebês no colo e prometeu aos dois:

– Vocês serão pessoas felizes! Vou me esforçar para viver ainda muito tempo para que possa vê-los crescer!

Os quatro se abraçaram. Era a vez de Patrick vê-los. E Patrick os viu!

Chegando ao quarto, emocionada e sem palavras Karen colocou os dois bebês no colo de Patrick.

– As crianças chegaram, papai! – ela falou bem embargada.

Patrick com os olhos semiabertos fez um mega esforço e conseguiu mexer os braços colocando-os em posição de ninho. Acolheu seus bebês. Ninguém falou nada, só sentiu aquele mágico momento. Patrick olha para Karen, que olhou fundo em seus olhos, em silêncio. Com muita dificuldade ele murmurou:

– Perdoe-me, meu amor! Perdoe-me por todo mal que fiz a tanta gente, especialmente a você que é uma santa.

Karen não falou nada e o acariciou. Logo pegou os bebês e foi com sua mãe para o quarto deles. Precisavam descansar. Enquanto trocavam suas fraldas e suas roupinhas, cada uma com um dos bebês, Karen se dirigiu à sua sogra:

– Mainha, preciso voltar logo ao trabalho.

A mãe de Patrick protetora que era não concordou:

– Imagina, minha filha! Você precisa é amamentar. Onde já se viu? Deixar esses dois anjinhos aqui sem a mãe. – E sem se importar com sua nora continuou em seu ofício, agora colocando um gorro na cabeça de Matheus.

Karen continuou:

– Sabe, mainha, quando estava para dar a luz, eu fui à luta, participei de vários processos seletivos e consegui uma vaga em uma indústria de soja aqui bem perto. – Olhava para trás por sobre os ombros enquanto colocava uma luva em Ana. Estava frio. – É previsto intervalos para amamentação. Preciso de uma atividade para aliviar todo estresse que temos vivido. Ademais, precisamos de dinheiro e a senhora está doente. Agora temos mais duas bocas para alimentar.

A mãe de Patrick não percebeu opção para fazê-la mudar de ideia. Parece que tinha concordado. Mimaram os filhos e netos por muito tempo ainda, quando o esgotamento, começou a puxar Karen pelos pés a chamando para a cama. Ela ouviu e atendeu ao chamado.

Chegando ao seu quarto, foi até Patrick como sempre o fez durante as quase trezentas noites que sucederam o fatídico acidente e o beijou no rosto. De repente, espantosamente ele se coloca sentado na cama e começa a falar sem dar tempo para que ela participe da conversa:

– Meu amor, estou muito feliz em ter voltado. Muito arrependido do que fiz. Enfim, conseguimos nossos filhos! Que loucura, como isso aconteceu?! Por quanto tempo fiquei nesta cama? Preciso voltar a trabalhar, ganhar nosso dinheiro cuidar de nossa família! Aqui nessa região onde mora minha mãe tem muitas indústrias, muitas oportunidades. Não serei mais autônomo. Vou me empregar em algum lugar, afinal tenho experiência de sobra no meio administrativo e vamos nos reerguer assim! O que acha da ideia?

Quando olhou para sua Karen, ela estava ali em sua cama, no mínimo espaço que sobrava, de lado. Havia adormecido no colo de Patrick. Logo veio a enxerida da voz de Patrick:

"Claro que ela não te perdoou. Depois de uma merda dessas que você fez?! Como poderia?"

Como sempre, ao ouvir as besteiras do ego a consciência veio a galope. No caso de Patrick, isso sempre acontecia. Uma pena ele ouvir tão pouco a consciência. Mas ela era incansável:

"Patrick, ela está cansada. Só isso. Muito cansada. Exausta com o parto, sentindo dores da cirurgia ainda. Tenha paciência. Muita coisa precisa ser reparada e sua batalha interior está só começando. Vai precisar de força para sair inteiro deste campo de batalha!"

"Acelera, rapaz!", ordenou a outra voz. "Já ficou deitado aí por quase um ano. Já é hora de trazer dinheiro para casa."

Nesta hora, nem ego nem consciência falaram mais nada, mas o coração de Patrick bombeou mais forte o sangue e algo como se fosse um holofote iluminando aquele desenho que estava pregado lá no fundo dele o projetou em seu cérebro e Patrick sentiu algo estranho. Sabia que precisava ganhar dinheiro, mas não sabia se devia procurar um emprego. Ficou confuso.

O ego insistiu e ele novamente escolheu ouvi-lo. Afinal, geralmente ele apresentava os melhores caminhos:

Os mais fáceis... Iria acordar no outro dia e buscar um trabalho!

O grande encontro

Nesta noite deve mesmo ter acontecido um milagre! Patrick acordou e não se levantou logo. Ficou por ali vendo Karen cumprir o ritual diário que, aliás, ele adorava. Ela se levantava, sempre cheirando otimismo. Com os cabelos e os olhos geralmente com cor de esperança se espreguiçava, e antes de qualquer coisa com a boca ainda com cheiro de ontem ia até sua cama dar-lhe um beijo de bom dia e só. De manhã era só. Não neste dia. Era seu aniversário. Patrick faria trinta e nove anos e por isso ela ficou por lá com ele mais um pouco.

Logo após Karen ter cumprido seu ritual foi a vez dele. Levantou-se, colocou uma boa roupa e saiu em busca de trabalho como se nada tivesse acontecido. Uma cena absolutamente incrível! Só podia ser um milagre mesmo!

Ele já sabia a empresa que buscaria. Tinha contatos lá e era certo que conseguiria uma oportunidade. Nem que fosse para qualquer coisa só para começar. Logo ao cruzar o portão é surpreendido por um rapaz que se coloca ao seu lado e faz um comentário no mínimo estranho:

– Que data esta! Se qualquer dia do ano podemos ser tentados a achar diante das adversidades da vida que "hoje não é o meu dia!", neste dia você não tem desculpa! Este é sim o seu dia!

Patrick, naturalmente, como era de se esperar, achou tudo aquilo muito estranho. Parou-se e virou-se para o transeunte. Quando fez isso viu ali um homem que tinha sua exata altura e a mesma cor marrom claro. Se parecia com ele, mas tinha os dois olhos bem abertos e vivos como os de Patrick e parecia ser forte, seguro.

– Quem é você, amigo? O que está falando? Você me conhece?

– Patrick! – e continuou o saudando sem responder suas indagações: – Muita luz neste dia que é o dia do seu renascimento. Prefiro assim. Enxergar esta data pelo prisma do "feliz aniversário" soa mais para mais um ano de vida tão somente. O "feliz renascimento" nos remete à ideia de recomeço, nova chance, novas oportunidades, ou seja, este é o seu ano, o único que tem. O presente, e assim encaro que deve ser nosso movimento de vida!

Patrick interrompeu persistindo:

– Espere aí! O que está falando? Quem é você? Como sabe que hoje é meu aniversário? Como sabe meu nome?

– Meu nome é Erato. Sou músico e poeta. Apesar de músico, tenho problemas nas cordas vocais, por isso falo baixo. – Quando ouviu este sussurro, Patrick pensou conhecer esta voz e se enregelou. – Já nos conhecemos há um bom tempo, só não tínhamos nos visto ainda.

Falou com uma naturalidade de dar medo em fantasma e continuou:

– Patrick, assim como muito poucos, temos vivido a magia do despertar para consciência da vida e do mundo. É uma oportunidade que existe para todos, mas a grande maioria insiste em se manter inconsciente, confortáveis num mundo de ilusões e "normalidades" que eles (a grande maioria) entorpecidamente escolheram como o ideal... Acredito verdadeiramente numa nova terra! Talvez não estejamos aqui para presenciar, mas podemos deixar nosso legado! Como, infelizmente, lhe incluo neste seleto grupo de "loucos", não tenho nada mais a lhe oferecer senão muita luz neste processo de despertar! Estou certo de que não vai precisar de mais absolutamente nada para produzir e deixar o seu legado e enfim ser feliz!

Patrick ficou tonto. Não sabia o que dizer ou pensar. Estava oco. E as vozes? Onde estariam as vozes que não apareciam para orientá-lo nesta hora?

– Como assim já nos conhecemos? O que é Erato? Que nome é esse? E que papo é esse de nova terra, despertar?

Antes que Erato respondesse eis que surge Hiperion. Erato era um rapaz tranquilo, feliz e confortado pela vida. Era músico e poeta e fazia o que gostava. Hiperion trabalhava na empresa que Patrick iria procurar trabalho. Era administrador, ranzinza e adorava reclamar da vida. Colocou-se do outro lado de Patrick e ficaram Erato, Patrick no meio e Hiperion, caminhando. Hiperion interfere:

– Esqueça esse negócio de legado! O que você precisa é de dinheiro, trabalho e salário para comprar um carro de novo e se acertar. O resto é besteira. Continue firme em seu caminho e vá atrás de seu emprego.

Patrick sentiu uma pontada no coração bem no lugar onde estava pregado aquele desenho, mas continuou. Quando Erato assumiu:

– Patrick, não finja que não sentiu essa pontada!

Patrick para, vira-se imediatamente para Erato e o fita com um olhar severo. Erato continua firme:

– O que mais ainda precisa viver para entender que o que está buscando não é o que precisa? Chega de buscar caminhos que nunca vão te levar aonde quer ir! Até quando vai me ignorar, me ouvir só porque é macio e depois fazer o que é mais mole? Fingir que não existo não vai me eliminar!

Hiperion interrompe:

– Meu amigo! – ele ordenava. – Pode ser agora, ou quer que esperem por você lá na empresa? Nem sabe ainda se vai ficar e já quer chegar atrasado à entrevista? Se manda, rapaz, e vai lá contratar o leite de seus filhos!

Eram só os dois. Ora um falava, ora outro. Caminharam por muito tempo. Enquanto Erato insistia para que Patrick voltasse para casa e repensasse seus planos de vida, Hiperion o apressava para chegarem logo ao provável local do novo trabalho.

Já havia até feito acordos com Patrick. Ele se lembrou de alguma coisa referente a acordos. Logo veio o esquecimento correndo e deu um tapa nessa lembrança que ainda estava bamba e num só golpe a derrubou e a levou.

Patrick já havia entendido tudo. Esta infernal batalha interior. Sabia do que se tratava, mas não queria acreditar. Acreditar nisso era o mesmo que se atestar como louco!

Ouvir tudo bem, mas agora ver?!

Tanta gente, tão sozinho

Não era exatamente o que ele queria. Na realidade, ele não sabia o que queria. Seria a partir da semana seguinte o gerente financeiro de uma importante indústria de soja da região. Exatamente o mesmo cargo ocupado por Karen em uma empresa concorrente do mesmo segmento. Karen estava feliz com a oportunidade. Patrick nem tanto.

Saíam ambos quase no mesmo horário todos os dias. Karen alguns minutos antes. Seu trabalho era um pouco mais distante. Ela cumpria seu ritual de cuidado e carinho com Patrick, ia para o trabalho e Patrick então cuidava de se encaminhar para o seu. Os filhos cresciam.

Karen sempre otimista acreditava em dias melhores. Patrick, amargurado. Mal começara e já não se sentia feliz com seu trabalho, como em nenhum outro que executara. Não sabia o que fazer. Sabia o que não gostava, mas não conseguia despertar para o que gostava e poderia trazer o sustento de sua família.

Patrick, vestido com essa amargura, trazia ainda nos bolsos mais uma coleção de desafetos, não conseguia interagir com seus filhos, sua esposa falava pouco com ele. Geralmente, só os assuntos de interesse dela. Ela contava suas histórias, não ouvia muito as dele, não conseguia ouvir dela seu perdão, nem mesmo sua mãe o ouvia!

"Como é crespa a vida!", ele pensava.

Dos diários de Patrick após sessenta dias de trabalho:

> Às 7h45 da manhã de minha mesa tenho um bom panorama visual de toda a sala. Daqui estou vendo dezoito colegas de trabalho. Realmente não consigo compreender esse ambiente. Eu que sou

gerente, ganho bem! Olho em cada rosto, tento sugar de cada olhar a alegria e o prazer de estar aqui e definitivamente não consigo. Só vejo sobrancelhas em "v", olhares distantes, bocas retas e sorrisos tristes. Nenhum feliz.

Nem mesmo um sutil sorriso de Monalisa é capaz de se destacar. Será que o que vejo são essas dezoito pessoas ou uma projeção de minha pessoa em cada uma delas? O fato é que definitivamente não me sinto à vontade nesse ambiente! Não quero mais viver assim e preciso me encontrar aqui dentro de mim lá fora! Passo a maior parte do tempo ou quase totalidade vigiando as horas para que passem logo. Torcendo para o tempo passar. Não quero que a vida passe por mim. Quero eu passar pela vida vivendo-a!

Todos nós morreremos um dia. Não tenho a pretensão de viver para sempre. Mas viver intensamente e plenamente e deixar um legado que viva para sempre, posso pretender! A dúvida que me corrói e faz arder e não para de martelar em minha cabeça uivando a todo instante é: devo aceitar as coisas como são e então buscar a felicidade nisso me contentando com o "muito" que já tenho, ou ir em busca de minhas aspirações mais originais e sinceras? Não sei... Acredito de verdade que a vida deve ser muito mais do que isso... Vou buscar!

Karen sempre chegava em casa mais tarde. Patrick já estava lá em sua cama. Ela feliz da vida. Faltava muito pouco para sua felicidade estar completa. Ela acreditava que esse dia chegaria. Contava com entusiasmo os detalhes do seu dia e Patrick ficava ali ouvindo. Geralmente, ela não respondia quando ele perguntava algo. Parou de perguntar. Só ouvia. Ela era feliz. Ele ruminava aquelas histórias, se imaginando lá e pensava o quanto era diferente dela. Não gostava de seu trabalho.

Logo depois de um dia duro voltando para casa depois do trabalho, Hiperion o acompanhava:

– Patrick, vai continuar nessa? Está infeliz, incomodado, está na hora de mudar!

– E mudar para onde?

– Ganhar dinheiro, fazendo outra coisa em outro lugar. – Ele sempre sugeria algo nessa linha.

– Não sei se é essa mudança que precisa acontecer – respondeu Patrick.

Erato apareceu logo que ele acabou de falar e completou:

– Se lembra do exército, muambas do Paraguai, comércio de roupas, sua banca, consultoria?! Quantas vezes já mudou? Parece-me que já sabe o que deve mudar...

– Não sei, Erato! – falou Patrick com firmeza e certa intimidade. – Já descobri que tudo que fiz até aqui não me levou aonde eu queria. Mas não sei ainda para onde ir.

Quando o diálogo de Patrick e Erato embalava, Hiperion insistia com algumas incursões sem sucesso e depois de algumas os deixava em paz. Patrick continuou:

– O que acha, Erato? Tentei tantas coisas, e parece que nunca fui feliz em nada do que fiz. No final, sempre tenho a impressão de que escolhi errado. Nunca acerto! Tudo dando pouco certo aos trancos e barrancos por pouco tempo. Não aguento mais ouvir *não* do mundo! Cansado de uma proporção tão desleal de "nãos" sobre os "sins" que recebi da vida, quase dei cabo dela há alguns meses. Estou tendo outra chance e não sei o que fazer...

Patrick estava exausto. A mudança verdadeira o rondava e já o olhava com certo respeito. Erato então disse:

– Patrick, em última instância queremos da vida um sim. Entretanto, como o caminho até o sim geralmente é longo e tortuoso, nos permitimos aos enganos e trapaças da jornada. Especialmente, quando somos superficiais e estamos sem paciência, cansados e, portanto, com a mente confusa.Com isso, sem nos dar conta do processo, passamos a gostar dos "nãos". Adoramos quando estamos diante de um desafio ou de um conflito e ouvimos um não. Desafios doem, tiram-nos da inércia. Adoramos simplesmente porque o não cessa o combate e nos devolve ao aconchego do dia a dia simples e descomplicado. E ele, o não, está em toda parte com grandes exércitos de seus clones! O segredo então é reconhecermos os "nãos" como nossos aliados. Ah, como ele vai se irritar com isso... E irritado ele vai insistir e dificultar muito. Prepare-se!

Patrick ouvia atento e Erato sem respirar continuou:

– Se quiser vencer a batalha entenda, aceite e domine um processo que consiste na passagem pela barreira dos cinco nãos!

Patrick parou de andar. Hiperion nem estava mais com eles. Erato prossegue:

– O primeiro "não", tem a generosa função de separar as vítimas das mazelas do universo e da maldade dos homens, dos bravos guerreiros que sabem da existência deles e se dispõe a lutar. É a fase da triagem. O segundo "não", não atinge mais as vítimas do universo que já se entregaram no primeiro. Esse tem o nobre propósito de conhecer sua forma de combater. Se com ódio ou harmonia pela existência desse processo. Ele quer te irritar, testa sua maturidade. O terceiro "não", não alcança mais os imaturos, que recebem com hostilidade esse processo. Ele tem o célebre objetivo de minar, cansar, confundir. Ele é direto: quer que você desista aqui! Ensina-o a arte da paciência e da resiliência. Ele é muito forte e geralmente a maioria das pessoas ficam por aqui... "Já tentei, uma, duas, três vezes! Não dá mais, chega!"

Nesta hora, Patrick pensou em quantas vezes ele já repetiu essas frases. Quantas vezes ficou pelo terceiro "não".

– O quarto "não", só atinge os que já aprenderam que o mundo movimenta em muitas direções e que, portanto devem saber esperar e espreitar o momento oportuno. Sobrevivem a esse, aqueles que cavam as oportunidades, que se dispõem a escarafunchar. Ele ensina sobre o valor de atuar em profundidade. Sobre avaliar todas as possibilidades e saídas mais improváveis possíveis, saindo do óbvio e mergulhando nas questões a que nos propusermos.

Patrick interrompeu:

– Acho que é isso! Preciso parar de olhar para o óbvio. Sempre ouvi da vida, para buscar um emprego, um trabalho de renda fixa, um bom salário. Desde muito jovem inventei que precisaria de um carro ou moto como se isso fosse mais importante que todas as minhas aspirações. Fiz todas as minhas escolhas buscando fins equivocados!

Erato intercedeu:

– Patrick, ouça! Ainda tem o último "não"! O quinto "não", aqui temos o bravo guerreiro que combate sem ódio no coração, com paciência e resiliência, vai fundo nas soluções em busca de melhores resultados, porque sabe que o mundo opera assim, e não espera nada cair do céu. Vai lá e pega a estrela que escolheu! Este "não" tem a confusa função de validar o seu querer. Apesar de todos os obstáculos superados até então, no fundo ainda tememos o sim que inevitavelmente vai lhe tirar de onde está e transportar até o desconhecido. Desse último, só passam os que têm um desejo ardente de que seu propósito seja realizado! Só esses devem ser merecedores do "sim"!

Não disse mais nada. Deu um abraço em Patrick e não se despediu. Patrick logo chegou em casa. Até lá foi pensando se poderia ser merecedor do sim.

A rotina de Patrick era assim. Todos os dias, o dia inteiro ausente de casa e à noite dormindo. Os poucos instantes em casa, sem diálogo com sua mãe nem sua esposa. Elas o apoiavam, cuidavam dele quando precisava, mas a impressão que ele tinha é de que não o haviam perdoado pela besteira que fez quando atentou contra sua própria vida.

Seus filhos cresciam e seu contato era mínimo. Diariamente, Karen os colocava em seu colo por alguns instantes antes de dormir. Na medida em que foram crescendo e começaram a se virar sozinhos, ficavam só um pouco. Pulavam da cama e iam brincar com algo mais animado. Patrick se virava e dormia. Acordava e de novo ia para o trabalho lamentando sua sorte.

Cinco semanas antes de sair do tal emprego (a cinco semanas também do Natal) escreveu em seu diário, lá mesmo no trabalho:

> Às vezes me assusto comigo mesmo. Realmente não nasci para fazer o que estou aqui fazendo. Incrível! Tenho talento nisso, sei fazer! Atuei com isso por tanto tempo! Mas definitivamente não me sinto seduzido por isso. Nas profissões que busquei até então me sinto representando um papel, tenho dificuldade em ser eu. Percebo-me de um jeito artificial, plástico, caricaturado, me distancio de minha essência... Já sei que preciso encontrá-la. Não sei onde nem como, só sei que é ela que me encontra, e não o contrário. Vou atraí-la, e sei que só o conseguirei se conseguir ser o mais próximo possível daquilo que gostaria de ser!

Foi para casa. Mais um dia exausto e arrasado. Precisava fazer alguma coisa e urgente. Estava muito sozinho. Muita gente por perto, mas só falava com Erato e Hiperion. Estava vazio, precisava ouvir outras pessoas. Pensou em procurar de novo o senhor Paulo.

Lembrou-se de alguma coisa referente a acordos. Nada mais. Foi em frente. O final do ano chegando. Ele já com quase quarenta anos, e sentia que sua vida era um fiasco.

Tinha de novo dinheiro, agora seus filhos, sua mãe por perto, trabalho, e mais que tudo isso: tinha a oportunidade de ter outra vida e estava repetindo a mesma infeliz história vivida.

Matando a saudade

Patrick tinha saudade de tudo e de todos. Tinha saudade de algo que ele não conhecia ainda: uma vida mais plena, mais equilibrada, mais feliz. Uma trégua na intensa batalha interior que o exauria. Só tinha Erato e Hiperion por perto. As vozes mudas como se nem estivessem por ali mais. Sua mãe, Karen, Matheus e Ana pareciam estar fechados para ele. Sentia-se muito sozinho. Não compreendia a distância da mãe, mulher e filhos. Decidiu compartilhar essa angústia com senhor Paulo. Afinal, esse bom velho sempre foi tão solícito!

E-mail enviado a três semanas de sua saída da tal empresa e do aniversário do senhor Paulo:

"Olá senhor Paulo!

Como vai o senhor? Espero que bem! Eu estou médio. O mais grave devo contar-lhe pessoalmente na próxima oportunidade em que, espero não tardar, nos encontrarmos. Fiz uma besteira grande e estou me recuperando dela.

Estou na nossa cidade, morando aqui de novo. Trabalhando no mesmo segmento, só que agora como empregado. Casado com aquela moça, a Karen. Lembra-se da viagem de Brasília para Goiânia? Temos dois lindos filhos, retomamos a vida de novo. Continuo incompleto... A impressão que tenho é que este vazio que sinto é um vácuo que não permite que nada o ocupe.

Sabe, senhor Paulo, não estou entendendo o que está acontecendo! Parece que o mundo está de mal comigo. E olha, não tenho esperança de como e quando sarar essa dor. Estou muito cansado de brigar por isso, e parece que quanto mais quero e tento resolver a questão, mais complicado fica. Acredito que o que eu tinha para fazer, eu já fiz. Agora preciso esperar, ter paciência.

Sinto saudade do senhor e de nossas conversas. Por onde andas?

Com afeto,
Patrick"

Foi muito estranho. O tempo às vezes nos prega umas peças que ficamos por entender. Poucos minutos depois de enviado o e-mail ao senhor Paulo a resposta chegou. O tempo entre o envio e a resposta com certeza era insuficiente para redigir o e-mail que foi respondido a Patrick. Parecia já estar pronto...

"Querido Patrick,

Li uma história há alguns minutos. Creio que pode ilustrar um pouco o seu momento...

'Frustrado na busca

O místico Ramakrishna começou a dedicar-se à vida espiritual desde a idade de dezesseis anos. No começo, chorava amargamente por não conseguir nenhum resultado – apesar de sua dedicação ao trabalho no templo.

Quando já era famoso, um amigo lhe perguntou sobre essa etapa de sua existência. Ramakrishna respondeu.

– Se um ladrão passasse a noite em uma sala, com apenas uma parede fina separando-o de um quarto cheio de ouro, ele conseguiria dormir? Ficaria acordado a noite inteira, arquitetando planos. Quando eu era jovem, desejava Deus mais ardentemente do que o ladrão desejaria aquele ouro, e me custou muito a aprender a maior virtude da busca espiritual: a paciência.'

Confie em Erato. Mas, antes disso, confie muito em você! Vou lhe sugerir uma coisa. Pense sobre os "cinco nãos". Faça uma releitura diferente. Olhe para isso como se fosse uma verdade exclusivamente sua. Pense em cada parte e procure traduzi-lo no seu processo. Não com a intenção de se convencer de que você está certo, mas livre de qualquer julgamento e parcialidade, buscando só a verdade nua e crua.

A vida é uma eterna batalha interior. Nunca vamos vencer essa batalha. Podemos perdê-la a cada dia, e podemos também aprender a combater o bom combate. Esse deve ser o mote!

Quando lutamos com impaciência, rancor, e ira no coração, deixamos de ver as belezas que cercam o caminho. Estamos, geralmente, tão preocupados com o destino que às vezes, depois que chegamos lá, nem conseguimos nos dar conta de tanta coisa que poderíamos ter aprendido na caminhada. É importante olhar mais para o caminho e adorar essa trilha, tanto quanto o destino. Em ambas as situações podemos ser recompensados.

Isso é escolha. Você escolhe sempre o significado que dá às coisas que acontecem em sua vida. Se a escolha for o "bom combate" precisa se armar melhor de paciência, resiliência, maturidade... Os nãos que estão se apresentando em seu caminho estão lhe testando. Estão aí presentes e a priori *lhe afrontando, desanimando, impacientando... O não quer saber se você realmente quer ser quem você sonha em ser... No mínimo ele vai te impor as cinco barreiras... Não espere menos...*

Precisa fazer uma escolha, esperar um pouco! Paciência e esteja atento aos julgamentos!

PS: Vamos nos falando por aqui mesmo por enquanto. Você precisa refletir melhor sobre os acordos que tem feito...

Com carinho,
Senhor Paulo

Patrick quase entra em parafuso quando recebe este e-mail. Primeiro por seu teor. Tantas palavras não cabem no tempo que a resposta veio. Segundo por não se lembrar de ter falado com senhor Paulo sobre Erato e muito menos do que Erato falou com ele. Terceiro por de novo estar em contato com essa coisa do "acordo" que já o acompanhava por um tempo. Pensou um tanto antes de responder. Decidiu não esclarecer esses pontos, afinal se fosse elucidar todos os mistérios que envolviam aquele velho motorista, não teria tempo para ter sua amizade. Duas semanas antes do aniversário de senhor Paulo, Patrick envia novo e-mail:

"Senhor Paulo,

Começo a compreender melhor. Não sei exatamente o que vou fazer da minha vida, mas acho que preciso sair da empresa onde estou. Isso já é um bom sinal! Como eu disse antes, vou esperar! Preparar-me.

Quanto à história do místico, como isso é presente, senhor Paulo! A paciência é fundamental para nós seres humanos. Principalmente, por vivermos em ambientes cheios de constantes pressões. Somos pressionados no trabalho, na família, por nós mesmos, enfim, se não tivermos paciência, não alcançaremos nossos objetivos, e o pior, afastaremos pessoas que amamos do nosso lado. Acho que estou afastando todos que mais amo. Lembrei-me de um acordo que fiz recentemente antes da grande besteira e estou a muito tentado rever. Então, peço a Deus em oração todos os dias que levanto, que me dê essa qualidade tão essencial na vida de uma pessoa, que é a paciência. Mesmo não tendo ainda reatado completamente com ele.

Quanto aos nãos, olhando para minha situação atual, realmente hoje os nãos me afrontam, me desanimam e me deixam impaciente. A impaciência, principalmente, me tortura, e é o que faz com que não pense, às vezes, antes de agir. Como exemplo, ter procurado imediatamente um emprego depois do tempo que fiquei ausente. A impaciência me fez agir sem pensar e hoje me arrependo por isso! Porém, esses nãos devem me servir como motivação para lutar e mostrar quem realmente sou e quais são meus objetivos. Afinal de contas, que graça teria a vida se existisse só os sins?

Mais uma vez, muito obrigado, senhor Paulo! Seu e-mail me motivou, me revigorou, me deu forças para não desistir e continuar firme na expectativa de melhoras. E tenho certeza que elas virão, pode ser que seja de imediato, pode ser que demore, mas que elas virão, não tenho dúvidas!

Abraços com aperto,
Patrick."

Resposta imediata de senhor Paulo. Esta foi três minutos e meio mais rápida que a outra:

"Filho,

Estou muito feliz, por sua liberdade e confiança em tratar de cada detalhe desse assunto comigo. Fico lisonjeado em poder contribuir, continue contando sempre comigo. Ainda me lembro com carinho daquele adolescente há uns vinte e três anos se esquivando de uma boa conversa. Sua evolução me orgulha!

Patrick, o ser humano que somos sempre será o maior desafio de todos nós. Por todos os seus mistérios e enigmas. Suas previsões e sugestões quanto ao futuro, fazem sim sentido, mas são somente julgamentos. A verdade pura, talvez não tenhamos a oportunidade de conhecer... Onde está essa tal felicidade?!

Mas veja, analise por esse prisma: sempre que conflitamos com algo ou com alguém, ou até com nós mesmos, existe uma lacuna de tempo que uma das partes ou ambas, vai precisar para se recuperar da "ressaca" e desconforto que a situação gerou. Deixemos esse tempo para que possa se recuperar. Se sua reação for de aceitar o que tem em suas mãos entendendo que precisa do emprego e do salário garantido alimente-se disso para se convencer de que fez a coisa certa e lute para ser feliz assim. Entretanto, se escolher seguir suas aspirações, olhar a figura de seu coração e deixar fluir o eu que está gritando aí para sair, logo a recompensa virá, a mágoa de seu coração vai derreter.

Quanto a esse acordo, fico feliz que tenha repensado. Não se esqueça do segundo acordo. Sem revê-lo sua decisão ficará difícil!

A propósito, a essência geralmente é atraída pelo cheiro forte que mágoa derretida exala. Ela não vai resistir.

Com saudade,
Senhor Paulo."

Mesmo distante, a saudade era aliviada a cada retorno desses e-mails. Patrick não estava mais tão sozinho. Tinha também o senhor Paulo e com ele sempre muita dúvida. Estava reatando com Deus. Descobrindo como ter a tal essência por perto. Desfazendo o irresponsável acordo. Mas e esse tal outro acordo que o senhor Paulo mencionara? Como poderia esse velho saber tanto da vida de Patrick? Neste caso, mais do que ele mesmo. Essa dúvida ele não engoliu e na semana em que ele sairia da empresa onde estava retornou ao senhor Paulo:

"Senhor Sabichão!

Aproveitando sua sinceridade, queria lhe expressar sobre algo que muito tem me incomodado, hoje mais do que nunca. Em todas as nossas conversas, leio o dito em um tempo e passo os outros nove tempos tentando decifrar o não dito. Quase nunca consigo. Mas o pouco que extraio já é bálsamo para minhas tormentas. Então não foco no que não decifro. Algumas coisas já aprendi.

Neste caso, tem uma coisa que preciso saber, especialmente por mencionar que dele depende uma decisão minha. Do que se trata o tal segundo acordo que não me lembro, e de que decisão estamos falando, e como sabe de tudo isso?

Se for quanto a sair da empresa, é uma difícil decisão, senhor Paulo. Agora mais do que nunca. Tenho esposa, filhos, obrigações. Preciso de um salário. Acontece que, sei também que não quero mais trocar minha vida por um salário. Às vezes, o senhor se comporta como se tivesse respostas para tudo, mas eu não tenho! Estou buscando e estou exausto, mas não vou me entregar. Dessas coisas todas eu sei. Mas tem um outro tanto que não sei.

Gostaria de mais clareza. O senhor acha que devo largar tudo? Ou aguardar mais um pouco? Ou o que sugere?

Desculpe a austeridade nas palavras, mas precisava lhe expor isso, e mais que isso, preciso de sua opinião a esse respeito, se for possível.

Com muita dúvida!
Patrick."

O retorno veio de foguete, mas carregado de esfinges...

"Curioso filho,

Um homem sem a capacidade de sonhar é um homem morto. É só um corpo. Não tem alma, vegeta, passa pela vida. Você teve uma chance como todos os seres humanos têm. Dá sinais claros de que não usou muito bem essa chance. Gostaria de ter outra. Está lhe sendo oferecida outra chance. Coisa rara, ofertada a poucos mortais. Precisa decidir se vai querer essa nova chance. Se for para repetir a mesma história acho pouco provável que tenha essa oportunidade.

Se decidir que pode sonhar de novo, acredito que terá essa chance. Lembrou-se do segundo acordo? Então, você vem?

Ansioso por seu retorno,
Senhor Paulo."

O céu traquina que era, resolveu aproveitar a vulnerabilidade de Patrick quando o chão contou que havia lhe faltado. Juntos então céu e chão resolveram dar uma volta completa por Patrick. E Patrick ficou zonzo quando viu esse retorno. Lembrou-se de segundos antes de cair ou se soltar do quinto andar. Lembrou-se da fala de seu pai a poucos instantes do apagar as luzes:

"Filho, siga em frente. Nunca deixe que nada do que acontece aqui fora interfira nas escolhas e acordos que fizer aí internamente. Continue sua vida sempre buscando aquilo em que acredita".

Pensou na engenhosidade do cérebro. Especialmente quando ele está desconectado do coração. Juntou a mensagem de que não poderia deixar que nada interferisse em seus acordos, e depois fez um acordo que não poderia sonhar mais!

Que infeliz confusão. Precisava dessa chance. Tudo ainda era muito nebuloso quando deu um salto no escuro. Muita dúvida ainda sobre o que fazer, mas a certeza de que do jeito que estava não poderia continuar ele já tinha.

Saiu da empresa.

A autêntica evolução

Na semana do Natal ele contou para sua esposa que sairia da empresa. Karen, como geralmente estava reagindo às notícias que Patrick trazia nos últimos tempos, não esboçou grandes emoções. Ele então tomou uma das mais importantes decisões de sua vida: desfazer o segundo acordo! Ia voltar a sonhar! Só não tinha ainda certeza com o quê.

Sem trabalho, ficou ansioso demais e retornou ao senhor Paulo outro e-mail:

"Saudoso senhor Paulo,

Muito obrigado pela atenção no último e-mail, mesmo eu tendo sido tão intransigente. Por isso peço desculpas! Fiquei feliz com sua resposta, apesar de ainda ter muitas dúvidas.

Saí da minha última empresa! A paciência agora é fundamental! Porém, a cada minuto que passa, fica mais difícil exercê-la. Creio que estou lidando com situações que mexem muito com minha estrutura emocional. Tenho minha família e meus sonhos profissionais, duas coisas que por si só já me deixam bastante ansioso. Fora as coisas que estão acontecendo em casa.

Ninguém me ouve! Isso me destrói. Sou uma pessoa extremamente ansiosa, e como o senhor sabe melhor que eu, ansiedade em excesso gera impaciência, não é mesmo? Então, cheguei à conclusão de que devo procurar ajuda médica, quem sabe tomar uma medicação para relaxar, acalmar os nervos, ou algo do tipo.

Sinto que estou no meu limite, é como se tivesse algo apertando o meu peito vinte e quatro horas por dia. Tenho dormido pouquíssimo e minha alimentação não é mais a mesma! Estou muito magro, com as pernas fracas. Quase não as sinto.

Então antes que piore a situação, vou procurar ajuda profissional! Mais uma vez, muito obrigado por estar sempre por perto. Tem sido fundamental para mim neste momento.

Abraços,

A propósito, desfiz o segundo acordo. Os sonhos já estão menos opacos. Feliz aniversário adiantado se não nos falarmos ou não nos vermos no seu dia!

Patrick."

Como era de se esperar senhor Paulo gostou do que leu e prontamente retornou:

"Meu querido filho (com sua permissão para esta menção)

Por mais paradoxal que possa parecer, estou achando belíssimo este momento que você está vivendo! Sim, belo, porque está transbordando pelos poros o crescimento que este momento de conflito está lhe proporcionando. E infelizmente (ou felizmente) são só nos eventos de dor e sofrimento que mudamos e crescemos de verdade.

Tudo acontecendo ao mesmo tempo (dificuldade de descobrir-se profissionalmente, falta da sua família, culpa da besteira que fez, ansiedade...), é sinal de tempestade! Só podemos vislumbrar as sete cores riscando o céu depois da tormenta meu caro. E esse arco-íris vai colorir sua vida, sim, desde que tenha resiliência e astúcia para aguardar os maus ventos.

Ter paciência quando as coisas acontecem conforme nossas expectativas, não é ter paciência. A paciência é uma arte que só conseguimos exercer quando tudo sai de nosso controle, como no seu caso.

Testar seus limites, Patrick, só você é capaz. Ninguém mais terá condições de avaliar qual é o seu teto a não ser você mesmo. O que tenho a lhe dizer? É glorioso nesse mundo onde impera a necessidade de uma "capa", de uma fraude social, alguém assumir que chegou ao seu limite e buscar ajuda profissional! Se entende que é chegada a hora, não hesite, estou certo de que lhe fará bem.

Estou torcendo do fundo do meu coração para que suas conquistas sejam efetivadas. A abertura que me deu e a entrega das intimidades de sua alma para mim só me lisonjeia.

Muito em breve nos veremos de novo. Você está quase lá. Comprometo-me a assim como sempre, dar atenção especial ao seu caso, buscando acelerar as soluções que estiverem descompassadas de seu tempo.

Obrigado pela lembrança, mas acredito que não será ainda este ano que vamos nos ver.

Abraços fraternos,

Senhor Paulo."

Dia vinte e cinco de dezembro. Patrick estava mais aliviado. Ainda sem saber exatamente para onde ir. Mas sabia que iria mais leve. Não podia deixar de, no mínimo, enviar um e-mail ao velho motorista, neste seu aniversário de sei lá quantos anos.

"Meu querido outro pai (com sua permissão para esta menção),

Obrigado por tudo que tem operado em minha vida! Quanto ao resultado de nossos diálogos, vejo que tivemos grande êxito. Já estou pesquisando ajuda. Já decidi voltar a sonhar, já escolhi que quero esta nova chance da vida. Com o tempo o resultado virá.

Estou certo de que todas as escolhas equivocadas e os nãos que recebi do mundo por isso, me fortaleceram. Começo a conhecer um eu que até então não tinha percebido com tantos detalhes. Sem dúvida o senhor teve participação nisso. Senhor Paulo, tenho evitado Hiperion e ouvido mais Erato (dois novos colegas que moram aqui perto de casa e que são praticamente meu contato com o mundo, além do senhor, nessa nebulosa fase da minha vida). O senhor já mencionou Erato. Deve conhecê-lo e saber a sábia pessoa que é. Imaginei que gostaria de ouvir essa notícia.

No mais, desejo ao senhor mais uma eternidade de vida, para que possa ainda fazer o mesmo bem que fez para mim a toda humanidade!

Com amor,

Patrick."

No mesmo dia o retorno chega. O aniversário era do senhor Paulo, mas o melhor presente foi o que Patrick ganhou dele neste Natal. Esse motorista sabia mesmo guiar as pessoas:

"Filho meu (agora que já me reconhece, está desfazendo os acordos, posso lhe chamar assim),

Que belo presente de aniversário acaba de me dar!

A propósito, já sabe qual a sua missão de vida? Quer saber a minha?

A minha é poder contribuir com o máximo de pessoas possível em seu processo de evolução aqui na terra. Levar o amor. A confiança absoluta no fato de que sonhos, quando sonhados com amor, bem-intencionados e carregados de ações, só podem dar certo!

De um jeito objetivo, você mostrou as principais questões que o afligiam e as ações que está adotando para superar suas aflições e se conectar às suas mais nobres aspirações!

Sobretudo, acho que o que mais ganhamos neste aniversário e Natal foi um Patrick que agora sabe que os nãos também guardam escondidos em si grandes sins. Um Patrick maior que sentiu nos ossos da alma a dor do seu crescimento, e especialmente ter descoberto esse novo eu (quanto mais se propuser à "batalha interior", melhor vai conhecê-lo e mais íntimo dele se tornará a cada dia)! Esse que é exatamente você, Patrick, mas que sempre se esconderá de ti, buscando um local de maior conforto. Cabe a você provocá-lo sempre, e a cada dia ele será mais parecido com aquilo que você gostaria de ser. Em breve, vai encontrá-lo e nesse dia espero estar por perto! Sinta aí meu abraço!

Com muita esperança,
Senhor Paulo."

Patrick se emocionou. Teve um Natal melhor por isso. De fato buscou ajuda profissional. Buscou terapia e *coaching*. Com a terapia pôde escarafunchar um pouco mais em seu passado e chegar a importantes conclusões sobre as suas origens. Suas paixões mais genuínas. Com o *coaching* pôde vislumbrar um futuro mais promissor. Descobriu de forma bem prática e pragmática como fazer para colocar seus sonhos em ação. Eles estavam com saudade de Patrick também. Afinal, desde o acordo até ali não se viam mais. Patrick dormia e não sonhava. Não sonhava acordado também, o que era pior. Os sonhos não olhavam para ele.

Ao longo de um ano, se permitiu a viver da renda da esposa. Precisava disso para seu verdadeiro retorno à vida. Falou menos com o senhor Paulo nesse período. Muito com Erato. Tentou romper com Hiperion. Erato não gostou da ideia. Para que pudesse descobrir enfim sua missão de vida precisaria de todos por perto.

Enfim, a vida - penúltima parte

– Por que acha que preciso de Hiperion, Erato?

Patrick saía sempre para caminhar ou pedalar pelas manhãs. Como não estava mais na empresa via muito menos o Hiperion, mas sempre se cruzavam. Erato esteve muito presente nessa fase de terapia e *coaching*. Eles pedalavam e Erato respondeu parando sua bicicleta:

– Patrick, já está na hora de você despertar! Você já está praticamente pronto. Pronto, pronto, ninguém nunca vai estar. Mas está preparado. É a constante atividade de contestar e refletir sobre as questões que Hiperion traz que nos aproxima. Precisamos manter essa unidade. Só com ela será capaz de crescer em sua batalha. E quando estivermos todos harmonizados sua mente terá calma. Só assim terá condições de encontrar sua missão e obter o melhor desempenho que pretenda alcançar! A possibilidade de nos equivocarmos com as nossas escolhas quando essas são feitas sem levar em conta os valores e princípios é avassaladora. Hiperion contribui sempre nessa reflexão. Em primeira instância, é preciso encontrar esses valores e princípios e a partir deles definir sua missão.

Patrick ficou mais confuso ainda com essas palavras, tomou um gole de água e contestou:

– Veja o que disse, Erato! Se preciso de calma na alma, basta me afastar de Hiperion. Sem ele por perto consigo ficar mais em paz. Seus conselhos e sua mania de sempre dizer o que tenho que fazer me cansa muito.

Erato percebeu que precisaria ser mais incisivo. As imagens geralmente têm uma força diferente das palavras. De repente, saiu de sua bicicleta, segurou-a com uma mão afastada do corpo e soltou-a. Logo ela caiu. Ele então falou:

– Patrick, vejo que ainda não compreendeu. Apesar de preparado, não compreendeu ainda. Percebe esta bicicleta? Parece óbvio, mas sabe me dizer por que esta bicicleta caiu? – e foi logo ele mesmo respondendo sua pergunta: – Estava parada! Parados, inertes, em total calma e silêncio total, não podemos nos equilibrar. Por que não caímos, (claro depois de termos aprendido) quando estamos pedalando? – novamente respondeu sua própria pergunta: – Porque estamos em movimento!

Patrick estava atento, com o cantil na mão, tomando alguns goles e de repente escorre de sua boca um pouco de água. Com essa quedinha de água algumas palavras que estavam *a priori* dispostas a ficar só por ali na cachola, acabaram escorregando e quando bateram no chão, baixinho Erato quase pôde ouvir:

– Só alcançamos o equilíbrio quando estamos em movimento...

– O que disse, Patrick?

Ele repetiu. Erato completou:

– Exatamente isso, meu amigo. Sem esse movimento interno, sem as investidas de Hiperion e as minhas para lhe tirar da zona de conforto, todo mundo à sua volta para. Esta batalha interior que você já reconheceu existir em você nunca cessará. O que você precisa é aprender a combater. Acho que posso dizer que já é quase um faixa preta! – riu nesta hora. – Com seu mundo em transe, parado, que tipo de missão poderá cumprir?

– Sei, sim, dessa batalha. É que tudo está tão confuso nesta fase da minha vida que confesso estar com poucas forças. Se tivesse uma maior clareza para onde ir estaria mais firme. Erato, como faço para descobrir minha missão de vida?

– Patrick, o que você considera como sendo seus cinco maiores talentos?

– Como assim? Te pergunto uma coisa e você me responde com outra pergunta que não tem nada a ver com a minha?

– Responda a pergunta, Patrick. Tem tudo a ver! Quando pensa em você quais são suas cinco principais características?

Patrick deitou sua bicicleta no chão se sentou e refletiu por alguns instantes.

– Sou bom de ouvido por amar a música, sinto bem as dores do mundo, gosto de ajudar as pessoas, sou bom em compartilhar as coisas que aprendi e me beneficiaram, sou bom leitor e gosto de escrever. Sei que não tenho sido um bom pai. Mas tenho um desejo ardente de sê-lo.

– E quais são os seus comportamentos que evidenciam essas características?

Neste momento, Patrick ficou tenso. Parece acontecer com muita gente. Quando falamos sobre nós mesmos, podemos até falar com certa facilidade, mas quando precisamos ilustrar nós mesmos é um pouco mais complexo. Ele lamentou:

– Olha, Erato, não estava preparado para essa sabatina... Que tal deixarmos esta conversa para outra hora? Pensarei melhor sobre tudo que está me questionando e depois nos falamos de novo.

– Patrick, você não quer descobrir sua missão? A hora é agora! Sempre vai ser! Não está fazendo *coaching*? Não aprendeu ainda que só tem o presente? Você está quase lá! Só falta isso para que possa voltar! Quais os comportamentos que evidenciam suas características?

Patrick sem entender muito bem essa coisa se esforçou mais:

– Sou bom de ouvido. Consigo separar os instrumentos todos no ouvido, ouvir cada um isoladamente sem sentir a interferência do outro. Percebo isso sempre que ouço uma boa música e fecho os meus olhos. Em todos esses anos, trabalhei com gente. Precisei aprender a ouvir. Não foi fácil. Ainda preciso evoluir. Mas consigo estar atento a uma necessidade do outro. Sempre me incomodei com as mazelas do mundo. No início era só eu. Não dedicava tempo para pensar no outro. Mas com tantos desatinos que me deparei ao longo desses anos, fui aprendendo a olhar para o outro. Olhando para o outro consigo sentir melhor suas dores e com isso consigo me concentrar em curas. O que me leva a crer que algumas dessas características na verdade seja uma só. Concentrando-me na cura, posso ajudar pessoas o que já percebi que me faz muito bem. Por isso, pretendo compartilhar com muitas pessoas tudo o que tenho aprendido. E quanto à leitura e escrita, quando mais jovem, muito mais que hoje. Mas sempre li muito e tenho algumas coisas escritas. Penso em escrever um livro, mas não encontro tempo. Com relação aos meus filhos, não consegui ainda compreender a distância deles, mas estou me concentrando para me aproximar mais. Vou conseguir!

– E quais são os seus principais objetivos pessoais e profissionais a serem realizados daqui um ano?

Neste instante Patrick ficou estarrecido. Era exatamente tudo que ele não sabia e buscava.

– Erato, é precisamente tudo o que não sei. Por isso estou aqui pedindo socorro. Se soubesse o que fazer seria mais fácil...

– E se você soubesse o que fazer? O que faria?! Patrick, liberte-se! Não pense no que a sociedade gostaria que fizesse ou sua esposa ou sua mãe. Pense no que você gostaria de fazer! Nada mais importa! O dinheiro que Hiperion com razão sempre traz à tona, é importante. Não da forma distorcida em que ele propõe. Ele não é fim. É consequência! Já deve ter ouvido isso. Pense nos seus objetivos como algo que lhe levaria para longe de relógios. Só o prazer de fluir, fazendo aquilo que melhor pode fazer, e se felicitando por isso. De alguma maneira, o universo vai operar e vai levar o produto de seu amor para todo o mundo, que na acertada medida vai lhe recompensar! Sabendo suas principais características ou talentos, certo dos comportamentos e ações que evidenciam essas marcas em você, e sabendo os seus objetivos você tem sua missão de vida. Elabore-a!

Mais ou menos como aquelas palavrinhas que escorreram junto com a água vieram essas, só que essas por já estarem prontas por lá e guardadas há certo tempo saíram com um fluxo um pouco mais forte, impulsionadas pela força da luz que projetava a imagem do desenho de seu coração:

– Plantar uma árvore, ter um filho e escrever um livro!

– O que disse, Patrick?

Perguntou Erato que não ouviu direito apesar da pressão. Patrick continuou como se Erato não estivesse mais ali, como se estivesse falando sozinho:

– Na realidade, plantar uma árvore eu já plantei. Entretanto, como estou longe dela vou querer outra. Filho eu já tenho. Dois. Só preciso aprender a me aproximar deles e recuperar o tempo perdido. Ter meus filhos por perto comigo, me seguindo! Falta-me escrever um livro. Vou escrever!

Nesta hora, seus olhos brilharam. Mais do que o habitual. Ficaram vivos de novo, como naquele dia em que conheceu sargento Porto, seu maior algoz. E se abriram.

***

Sua esposa estava na cama ao seu lado, como sempre fazia antes de ir para o trabalho. Era dia vinte e quatro de dezembro. Ao ver esta cena quase não acreditou! Especificamente aqueles gritos e o choro que estava há mais de dois anos vivendo em regime de clausura, quando viram esta cena, saíram correndo. Um vindo do coração e o outro do cérebro. Encontraram-se em algum lugar chamado alma e então foram voando por toda casa até chegar à mãe de Patrick, que já bem debilitada pela doença, quase não suporta de emoção:

– Mainha! Mainha! – e gritava, e soluçava! – Mainha, Patrick voltou mainha! Patrick voltou mainha! Nosso Patrick está bem aqui nos meus braços me olhando com aquela mesma ternura de tempos atrás, antes do acidente!

A vida - última parte ou o começo de tudo?

Primeiro a mãe de Patrick quase caiu. Ao ouvir sua nora suas pernas ficaram bambas e teve uma sensação de vertigem muito forte. A pequenos e curtos passos se recompôs.

Chamou com muita ênfase por todas as forças que estavam por ali. Até as mais distantes. Pediu que essas a carregassem até a cama de seu filho. Ela precisava ver isso. Suas forças então fizeram uma espécie de andador com as portas, mesas, cadeiras e armários do caminho e a levaram até lá.

Sua vida tinha que esperar. Não podia apagar as luzes sem ver essa cena. Chegando ao quarto do filho, sentou-se ao seu lado na cama e com um olhar de santa, nada disse só acariciou o filho, deixando suas lágrimas quase caírem em seu rosto. Em vez disso, ela limpava com as mãos levando até os cabelos, que brancos e crespos, brilhavam mais misturados às lágrimas.

Logo que ouviram essa gritaria e choradeira vieram correndo assustados Matheus e Ana. Olharam ainda sem entender aquela cena quando Karen, doce como havia de ser, os pegou nos braços e colocou-os sobre a barriga do pai, falando:

– Filhos, papai acordou! Agora que ele já descansou vai poder brincar com vocês...

E descontroladamente chorava, e acariciava os cabelos de Patrick. As crianças assustadas acompanharam mamãe e vovó. Caíram no choro. Em um misto de emoção ou susto. Os anjos também, carregados de emoção. Não se assustaram. Estavam acompanhando tudo e torcendo por este momento!

Patrick estava tremendamente confuso. Tentou se mexer na cama e com dificuldades apoiou os cotovelos na cama e arrastou todo o corpo até a cabeceira ficando numa posição mais sentada.

Suas pernas estavam imóveis. Não as sentia. Olhava aquela cena e não entendia.

"Como assim?!", ele pensava. "Estou a dois anos tentando me aproximar de todos depois que me recuperei do acidente, e de repente me chegam todos de uma vez como se eu estivesse fora do país por todo esse tempo".

Ele então suave como Karen, pergunta à sua esposa:

– Amor, o que está acontecendo? Enfim me perdoaram? Fico feliz por isso. Eu deveria estar chorando de emoção por isso e não o contrário. E o que aconteceu com minhas pernas? Não estou sentindo minhas pernas.

Ele falava abraçando a mãe e os filhos que muito emocionados não conseguiam falar ainda. Karen tentou explicar como pôde:

– Amor, você está aqui conosco. Nada importa mais do que isso. Conseguimos superar todas as nossas adversidades, e ainda trouxemos você de volta. Durante todo esse período fomos sempre muito determinadas. Eu e sua mãe apesar da doença que a acometeu nos últimos meses nunca desistimos de você. Não temos do que perdoá-lo. Te amamos e temos você de novo. Só isso!

Perplexo com aquela conversa maluca que, aliás, era só o que ouvia a tanto tempo, suando frio, investiu mais um pouco, começando a tomar consciência de todo aquele cenário, sem obviamente querer acreditar e muito menos aceitar:

– Vocês falam como se eu não estivesse aqui esse tempo todo! Já voltei há quase dois anos e vocês me ignoraram por todo esse tempo. Mesmo depois que resolvi trabalhar como empregado para não deixar de trazer a renda para casa, continuaram me ignorando. As crianças nunca interagiram comigo! Hoje tenho praticamente três amigos que me ouvem e interagem comigo...

Karen olhou para a mãe de Patrick sem entender e o interrompeu:

– O que está falando, amor? Nunca saímos de perto de você que esteve por mais de dois anos nesta cama em coma. Inerte. Apesar disso, sempre lhe tratamos como vivo. Sabíamos que voltaria um dia. Nunca desistiríamos de você! Desde que se soltou do quinto andar de nosso apartamento no Ceará, passamos algumas semanas por lá contigo quando depois de muitas cirurgias e todos os procedimentos inimagináveis, o médico nos disse que ficaria em coma por tempo que não poderiam estimar. Arrasadas viemos para Goiás, para juntas cuidarmos de você. Durante todo esse tempo, você fez fisioterapia diariamente, mas infelizmente as pernas responderam mal ao tratamento. Quem sabe agora que acordou Patrick?! Juntos vamos superar mais essa! Tenho certeza que vamos conseguir!

Patrick não pôde conter a lágrima que deslizou pelo seu rosto. Apesar de ter ali ao seu lado naquela hora as pessoas que mais amava neste mundo. Precisava ficar sozinho. Era muita informação e ele estava atordoado com todo aquele novo cenário. Pediu a todos que saíssem do quarto por uns instantes. Por ali ficou um bom momento a refletir. Muitas perguntas vieram. Quase todas sem respostas:

"Como posso ter ficado todos esses meses nesta cama?"

"Como então vi meus filhos recém-nascidos e depois crescendo?"

"E o trabalho, as pessoas da empresa?"

"E quanto a Erato e Hiperion? Senhor Paulo? Não posso acreditar que tudo foi imaginação."

Teve uma ideia: "Vou ligar na empresa!", lembrou-se que por alguma razão não tinha o número. Pegou a lista e encontrou. Ligou:

– Por gentileza gostaria de falar com Patrick.

Do outro lado da linha uma pequena pausa como quem procura pelo nome. Logo:

– Desculpe, meu senhor, mas não temos ninguém aqui com este nome. Ajudo em mais alguma coisa?

Ele ficou completamente acabrunhado:

– Como assim, moça? Patrick, o gerente financeiro daí!

– Senhor, perdoe-me, mas deve haver algum equívoco. O senhor tem certeza que está ligando na empresa certa?

Patrick tenso se irritou:

– Claro que sim, mocinha! Esta não é a Grão Mestre? Maior indústria de soja da região?

– Sim, senhor. Mas nossa gerente financeira aqui se chama Karen. Hoje ela não veio trabalhar. O senhor pode retornar logo depois do Natal e conseguirá falar com ela.

O telefone desligou. Caiu das mãos de Patrick. Como poderia ele acreditar em tudo isso. Gritou por sua mãe e esposa, que logo vieram já que estavam bem ali atrás da porta.

– Karen, onde está trabalhando?

– Na Grão Mestre, amor. Sou gerente financeira de lá. Mesmo grávida já comecei a procurar uma atividade. Não podíamos ser todos sustentados pela pensão que sua mãe recebe de seu pai. Além do mais, com sua mãe doente precisava fazer logo alguma coisa. Com toda experiência que adquirimos ao longo desses anos não foi difícil ser selecionada lá. Tenho um bom cargo e um bom salário. E o mais importante, sou muito feliz com o que faço. Não ouvia minhas histórias, Patrick? Sempre que chegava da empresa, me deitava em sua cama ao seu lado e contava meu dia. Meus desafios, meus obstáculos, minhas vitórias... Por que pergunta isso?

Patrick não respondeu. Ficou por ali pensando em tudo que estava cruelmente se materializando à sua frente. Quanta fantasia... Mas tudo parecia ser tão real... Ele então insistiu:

– E Erato e Hiperion nossos vizinhos, por onde andam? Hiperion continua na Grão Mestre?

Karen e a mãe de Patrick se olharam e ficaram mudas por uns instantes. Logo a mãe de Patrick assume:

– Filho, do que está falando? Moro aqui quase a vida inteira e nunca ouvi falar dessas pessoas...

Ele se descontrolou:

– Não pode ser! Que pesadelo é esse que estou vivendo? O que estão querendo me dizer? Que fiquei em coma por mais de dois anos e tudo que vivi nesse tempo não passou de ilusões, de sonhos?! Levem-me até a rua. Vou mostrá-las onde mora Erato. E Hiperion, Karen? Trabalha ou não na Grão Mestre?

Levaram-no até a rua em uma cadeira de rodas que esteve firme durante todo esse tempo o esperando. Ao chegar ao endereço citado por Patrick, qual não foi o seu espanto ao se deparar com um terreno baldio. E Karen o consolou:

– Amor, este lote está vazio há anos segundo sua mãe. Não temos ninguém na empresa com nome de Hiperion. Por via das dúvidas fiz questão de ligar lá e falar com o pessoal dos Recursos Humanos. Nunca trabalhou ninguém lá com este nome. Vamos para casa. Você precisa descansar um pouco. Toda esta situação mexeu demais contigo.

Foram caminhando para casa. Patrick muito confuso, atordoado e procurando um fiapo que fosse de realidade em tudo que havia acontecido. Não encontrava. Chegando lá teve mais um *insight*. Ao deitar em sua cama, pediu um computador à sua esposa e pediu para ficar sozinho. Nada falou mais com elas, apenas para si mesmo.

– Preciso entender o que aconteceu! Já sei como. Esta evidência será incontestável!

Ligou o computador de Karen e acessou seu e-mail. Havia quatro mil setecentos e trinta e duas mensagens em sua caixa de entrada. Como se não o acessasse há meses... Passou horas vasculhando. Procurou em todas as pastas, nos itens enviados, nos excluídos, nos armazenados. Sem sucesso. Nenhum e-mail dele para o senhor Paulo e nem do senhor Paulo para ele.

Exausto, entristecido, completamente perdido neste mundo, adormeceu antes do anoitecer, e só acordou no outro dia. Nos últimos instantes antes de adormecer, olhou pela janela de seu quarto e viu duas pequenas árvores alinhadas bem ali na sua vidraça. Apagou as luzes. A ceia de Natal naquele dia vinte e quatro de dezembro seria a melhor dos últimos anos. Mesmo sem Patrick à mesa, ele estava de volta ao mundo.

Enquanto se ocupava dos e-mails sua mãe e Karen trataram de acionar o doutor Mendes, médico de Patrick que sempre esteve por perto, apesar da distância geográfica. Estava em outro estado, mas deixou claro que gostaria de ser avisado quando Patrick voltasse. Estava sempre a par de todas as notícias. Ao saber da novidade desmarcou todos os compromissos, organizou uma viagem relâmpago e correu para a casa deles. Chegando lá, contaram como foi que acordou e contaram sobre suas reações e histórias e todas as relações que ele criou. Doutor Mendes tentou explicar:

– Veja, Karen. Não sou psiquiatra, portanto não sou a pessoa mais indicada para essa interpretação. Aconselho que busquem um especialista nesta fase. Ocorre que durante o coma, especialmente em casos como este que duram muito tempo, o paciente precisa encontrar uma forma de se conectar ao mundo. Assim, certamente o que acabou acontecendo foi que Patrick criou toda essa fantasia para se manter vivo...

Doutor Mendes foi até o quarto de Patrick e sem o acordar se despediu dele com um afago no rosto e cabelo. Abaixou-se até a altura de seus ouvidos e sussurrou algo. Ele já sabia que Patrick ouvia bem, mesmo dormindo.

– Grande combatente! Está de volta à vida! Fico muito feliz que eu tenha contribuído com isso! Sinto que cumpri minha missão! Espero não o ver por muito tempo! Pelo menos não no hospital!

Deu um beijo em seu rosto e se despediu daquela família.

A noite chegou logo. Karen, a mãe de Patrick e as crianças jantaram cedo. Foram logo dormir.

Dia vinte e cinco de dezembro Patrick acordou bem cedo. Karen despertou com seus movimentos. As crianças também abriram os olhos junto com a chegada do sol. A mãe de Patrick não acordou.

Ao ir até seu quarto, Karen se assustou e ligou imediatamente para a emergência. Em poucos minutos uma ambulância estacionou em frente à casa de Patrick. Correram todos para o hospital.

Ao chegarem lá, quando todos desceram, Karen acompanhou a sogra. De cadeira de rodas seria mais difícil para Patrick. Ele avisou que aguardaria Karen na recepção. Estava muito apreensivo, cansado, atordoado. Afinal, quando teria uma trégua nesta eterna batalha interior?!

Antes de se afastar por completo da ambulância ouve alguém chamando por seu nome. Ao olhar para trás, qual não foi a sua surpresa quando viu aquele senhor quase careca, com rabicho na parte de trás da cabeça e um cavanhaque tão bem feito que parecia bordado em seu rosto.

Se não era o senhor Paulo, dirigindo aquela ambulância!

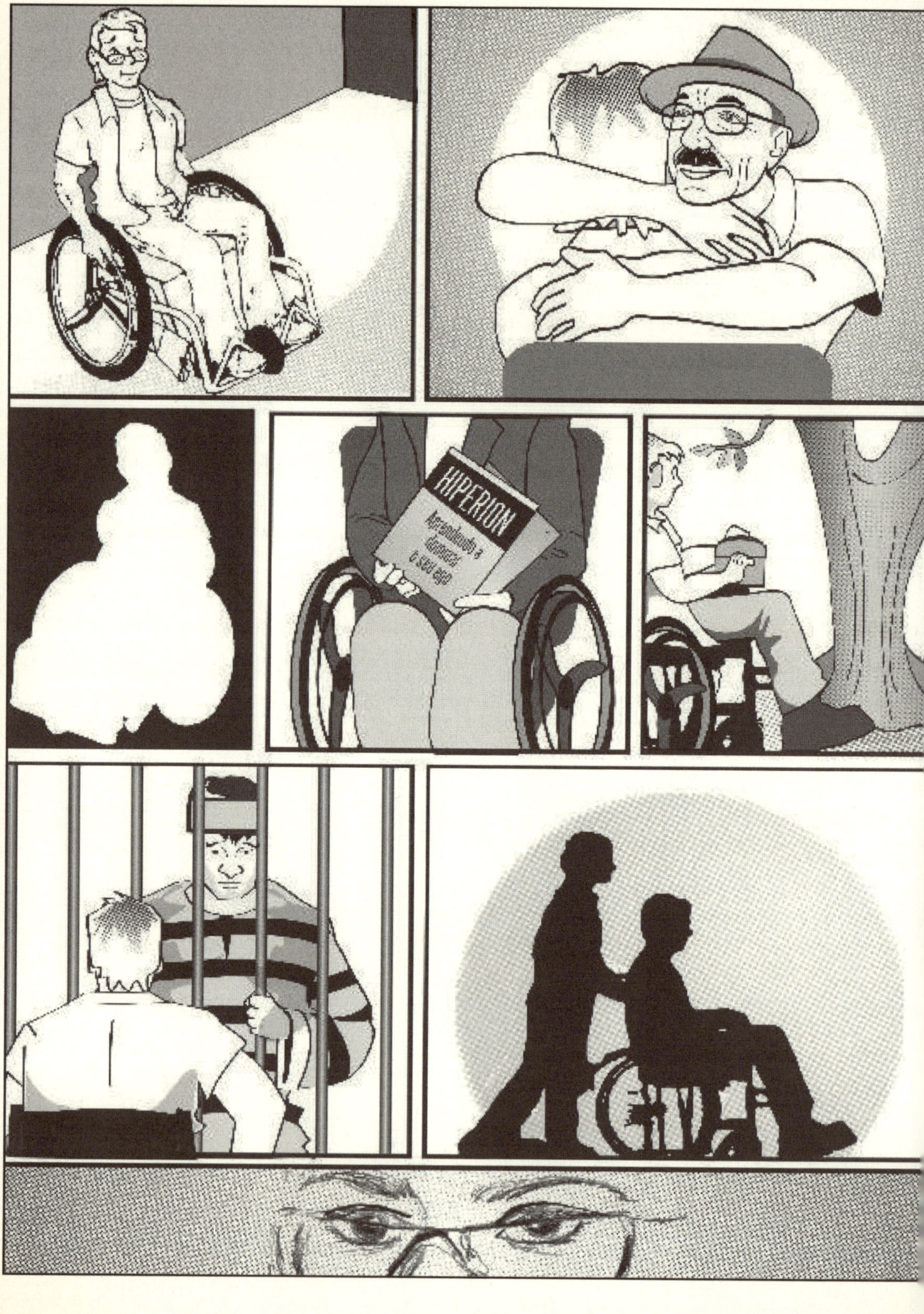
HIPERION

Bandeira branca

"Tornar-se a pessoa mais parecida com aquela que quer ser."
Carl Rogers

"Encontre o que você gosta de fazer e nunca mais vai trabalhar na vida."
Confúcio

O coração cansado chamou o câncer

Dois filhos, três árvores e dois livros.

O coração cansado chamou o câncer

Patrick empurrou sua cadeira de rodas até ele. Deram um longo e silencioso abraço. Não se viam há muitos anos. Patrick chorava por sua mãe. Não tinha tido ainda tempo de sofrer por sua paraplegia. Senhor Paulo o consolou:

– Filho, o câncer é uma manifestação corporal de uma doença grave do coração. A tristeza, o ódio, as mágoas, muita saudade viva, porque saudade boa é saudade morta, causam o câncer. A ausência do perdão também causa o câncer. Usamos só vinte por cento do potencial de nosso cérebro! Já deve ter ouvido falar disso em algum lugar. Mas não é isso que limita nosso desempenho. O que nos limita é que usamos só dez por cento do potencial de nosso coração. A maioria dos humanos usa o coração para emitir comandos ao cérebro, quase nunca o contrário, daí todas as mazelas da humanidade. Precisamos desse equilíbrio. Dessa ponte, essa conexão. O homem não é ruim, só não sabe usar seu coração e cérebro em sua totalidade. Sua mãe amargurou-se demais por todos os infortúnios que a acometeram. Primeiro viúva tão jovem e depois seu único filho em coma por tanto tempo, vegetando. Não suportou, sucumbiu e o câncer então decidiu que seu corpo seria boa morada. Você precisa seguir sua vida Patrick, superar mais este obstáculo que, aliás, não será o último. Agora está pronto! Ou melhor: preparado!

Desconsolado, Patrick ouviu, chorou fininho e apertado. A culpa ficou ali batendo à sua porta. Tentou o interfone, começou a gritar para ver se ele vinha. Patrick não atendeu. De cabeça baixa, como geralmente se apresentava, ela foi embora. Ele já estava aprendendo a mantê-la mais afastada. Chorou mais um pouco e enquanto aguardavam pelo boletim médico conversaram sobre o passado recente:

– Senhor Paulo, e nossos últimos e-mails? – ele testou.

– O que tem nossos e-mails?

Retrucou senhor Paulo com uma firmeza própria de quem sabia exatamente de que e-mails ele estava falando. Patrick entendeu que existiram então e-mails, não entendeu por que não os encontrou. Desconversou e contou a história do trabalho, de Hiperion e Erato.

– Filho, você tem o dom de criar. Veja que história incrível construiu em sua mente no período de seu coma. Isso o manteve ligado ao mundo enquanto não desfazia seus acordos com a vida. Nesta fase, você aprendeu muito. Evoluiu muito. Descobriu que nossas escolhas, e apenas elas, são capazes de alterar nossos destinos. Você como poucos mortais teve a oportunidade de olhar para a vida que escolheu e que teve e descobrir que não era a vida que queria e ainda ter outra de volta. Decidiu aceitar essa nova chance, apesar das limitações que teria para viver daqui para frente, e apesar de parecer estar desligado desse mundo se manteve conectado a você mesmo durante todo esse tempo e pôde se conhecer melhor. Seus vários "eus". Só nos conhecendo melhor, podemos ser melhores. Podemos gostar mais de nós mesmos. Escolheu seu tempo livre para se concentrar em você. Não divagou apenas. Como gostar de algo que não conhecemos? Você aprendeu, Patrick. Desfez seus acordos. Está de volta. Agora que aprendeu sobre escolhas, e já desfez seus acordos, tem todos ao seu lado e pode voltar a sonhar, siga sua missão! Àquela que você escolheu para você, não a que os outros gostariam que cumprisse!

Novamente, Patrick o abraçou e logo o médico entrou dando a notícia:

– Infelizmente, ela não suportou. Estava muito debilitada. Sinto muito... – E se afastou.

A ausência dos entes mais amados foi um convite à doença que não se esquivou em aceitar o primeiro chamado. Foi logo entrando e se espalhando, preenchendo todas as lacunas de dor. Todos se abraçaram. Agora Patrick não tinha mais seus ascendentes. A necessidade de deixar seu legado, e sua marca no mundo foi maior nesta hora.

É incrível como a sensação de morte ao nosso lado nos remete à nossa condição de finitude. Só sentimos esse aperitivo do gosto da morte quando acontece do nosso lado. Só então nos damos conta de que também vai acontecer um dia conosco.

Patrick chorou por sua mãe. Todos choraram, afinal foi uma grande guerreira. Viveu seu luto, cumpriu um desejo antigo dela: seria cremada e não enterrada. Deu um forte abraço em senhor Paulo:

– Senhor Paulo, feliz aniversário! Neste ano o presente foi só seu. Não gostei do meu nem um pouco, mas vou superar mais esta.

Senhor Paulo o acariciou dizendo:

– Filho, a vida é seu maior presente. Você ganhou esse presente ontem e adiantado! Precisou viver mais de quarenta anos para aprender, mas aprendeu. Nunca será tarde para quem não desistiu de sonhar e acredita em recomeços. Sei que poderá guiar agora seus próprios passos. Não precisa mais deste velho motorista o tempo todo por perto. Pode dirigir sua própria vida. Aprendeu a escolher, a decidir e a perder! Além disso, descobriu sua missão! O que mais poderia esperar da vida?!

Deu um afetuoso beijo em seu rosto e se despediu. Patrick nunca mais veria senhor Paulo depois deste dia, apesar de manter contato e comunicação com ele de alguma maneira que não poderei aqui descrever pelo menos por enquanto.

Dois filhos, três árvores e dois livros

Com quase quarenta e cinco anos, os filhos já grandes, chega o grande dia do lançamento de seus livros. Lançar-se-ia simultaneamente com duas obras que se complementavam. Ambos os livros carregariam os nomes de seus protagonistas. E o mote de ambos complementaria sua missão: "Ajudar a humanidade a usar melhor seu coração e cérebro". Um com o título:

"Hiperion: aprendendo a dominar o seu ego"

E o outro com o título:

"Erato: aceitando melhor sua consciência"

Conseguiu uma boa editora que acreditou muito no projeto e quis fazer um lançamento nacional. Esteve por vários estados e escolheu aqueles onde passou.

Com Karen, Matheus e Ana ao seu lado, foram até o Acre na última cidade que iriam para a noite de autógrafos levando consigo também os restos mortais de sua mãe. Após a solenidade, foram descansar em um hotel.

Ao acordar, Patrick pede a Karen que o leve até a casa que moraram. No caminho conversaram:

– Amor, apesar de ter plantado àquelas duas árvores com Matheus e Ana ao lado da janela do nosso quarto, temos esta primeira que trouxemos ao mundo e não podemos abandoná-la. Só há um jeito de sempre termos um bom motivo para vir vê-la, já que está plantada tão distante de nós.

E contou seu plano. Karen, claro, concordou com seu marido.

Lá chegando pediram licença aos novos donos da casa, contaram a história e foram muito bem recebidos. Ao chegar à sombra daquela alta e bela árvore, Patrick se emociona ao soltar as cinzas de sua mãe ali nos pés de sua árvore...

Rememora durante longos minutos todos os especiais momentos que viveu com sua mãe. Ora por ela.

Agora só faltava um único detalhe para estar completo!

Voltaram para o Centro-Oeste. Lá onde tudo começou: o exército, as vendas, a banca, a trágica perda do pai tão jovem...

Patrick havia cumprido sua missão, mas ainda parecia faltar algo. Sentiu um calafrio... Havia plantado não só uma, mas três árvores. Tinha dois filhos! E se lançou como escritor logo com dois livros.

Lembrou-se de seu pai, de sua mãe e da última fala do senhor Paulo. Acordou um dia mais cedo e resolveu sair sozinho. Foi até o presídio acompanhado de uma legião de anjos que faziam festa todos os dias ultimamente. Eles não perderiam este momento por nada!

Lá chegando pediu para falar com sargento Porto que já cumpria pena há quase vinte anos. Evoluíra também ao longo de tantos anos de cárcere. Adoecera também. Seu ódio transformou-se em um câncer de coração (como o da mãe de Patrick. Só que o daquela senhora foi de tristeza), que ansioso já o chamava para o fim.

Chegou perto de Patrick engasgado, velho, enrugado, sofrido. Patrick não disse muita coisa. Só uma frase que seria a libertação de ambos. Mesmo a de sargento Porto que ainda passaria mais um tempo por ali na terra. Neste dia, apesar de ainda preso fisicamente, sargento Porto se libertara de sua profunda tristeza. Foi quando Patrick disse:

– Sargento, obrigado por me ensinar a lutar! Enfrentar meus maiores inimigos! Eu lhe perdoo por todo mal que trouxe à minha vida!

Virou-se e deixou aquele homem ali no chão em prantos, emocionado por sua redenção! Por alguma razão, parece que ele esperava por isso. Aqueles olhos não mentiriam para ele.

Ao sair do presídio, sentiu sua cadeira de rodas mais leve, não precisava de tanto esforço para empurrá-la. Assustado olhou para trás. Um jovem rapaz o empurrava. Tinha os cabelos compridos até os ombros, usava uma longa bermuda xadrez e com olhos muito, mas muito vivos!

A vida realmente dá incontáveis voltas pelo mundo. O fato é que se buscamos algo do fundo do coração e com todas as nossas forças, essa coisa um dia há de chegar. O universo em sua infinita bondade vai conspirar.

Algumas nós encontramos. Outras nos encontram. Ele então perguntou:

– Ei! Obrigado por me ajudar. Mas quem é você?

– Demorei muito para encontrar o senhor. Tem tempo que o procuro. Sempre que parecia estar por perto, alguma coisa acontecia e me mandava de novo para longe. Enfim, nos conhecemos. Meu nome é Essência!

Nada mais disse, continuou empurrando.

Patrick também não disse mais nada. Abriu os braços, sentiu o vento em seus cabelos, e se permitiu!

Sabia que um dia iriam se encontrar!